# 一本书读懂
# 法律常识

王妙专 张艳艳◎编著

LEGAL KNOWLEDGE

中华工商联合出版社

## 图书在版编目（CIP）数据

一本书读懂法律常识 / 王妙专，张艳艳编著. -- 北京：中华工商联合出版社，2021.10
ISBN 978-7-5158-3099-5

Ⅰ.①一… Ⅱ.①王… ②张… Ⅲ.①法律－基本知识－中国 Ⅳ.①D92

中国版本图书馆 CIP 数据核字（2021）第 177205 号

### 一本书读懂法律常识

| | |
|---|---|
| 作　　　者： | 王妙专　张艳艳 |
| 出 品 人： | 李　梁 |
| 图 书 策 划： | 蓝色畅想 |
| 责 任 编 辑： | 吴建新 |
| 装 帧 设 计： | 胡椒书衣 |
| 责 任 审 读： | 于建廷 |
| 责 任 印 制： | 迈致红 |
| 出 版 发 行： | 中华工商联合出版社有限责任公司 |
| 印　　　刷： | 北京欣睿虹彩印刷有限公司 |
| 版　　　次： | 2021年10月第1版 |
| 印　　　次： | 2021年10月第1次印刷 |
| 开　　　本： | 710mm×1000mm　1/16 |
| 字　　　数： | 212千字 |
| 印　　　张： | 16 |
| 书　　　号： | ISBN 978-7-5158-3099-5 |
| 定　　　价： | 56.00元 |

服务热线：010-58301130-0（前台）
销售热线：010-58302977（网店部）
　　　　　010-58302166（门店部）
　　　　　010-58302837（馆配部、新媒体部）
　　　　　010-58302813（团购部）
地址邮编：北京市西城区西环广场A座
　　　　　19-20层，100044
http://www.chgscbs.cn
投稿热线：010-58302907（总编室）
投稿邮箱：1621239583@qq.com

**工商联版图书**
**版权所有　盗版必究**

凡本社图书出现印装质量问题，请与印务部联系。
联系电话：010-58302915

# 《民法典》护航美好生活

2020年5月28日,中华人民共和国第十三届全国人民代表大会第三次会议通过了《中华人民共和国民法典》(以下简称《民法典》),自2021年1月1日起施行。《民法典》是新中国第一部以法典命名的法律,被称为"社会生活的百科全书"。《民法典》系统整合了《中华人民共和国婚姻法》《中华人民共和国继承法》《中华人民共和国民法通则》《中华人民共和国收养法》《中华人民共和国担保法》《中华人民共和国合同法》《中华人民共和国物权法》《中华人民共和国侵权责任法》《中华人民共和国民法总则》共九部重要的民事法律以及多部相关联的司法解释,是一部关于民事法律规范的综合性法典。自《民法典》施行之日起,上述不同历史时期颁布的九部民事法律同时废止。

《民法典》共七编,1260个条款,依次为总则、物权、合同、人格权、婚姻家庭、继承、侵权责任以及附则。本书立足百姓视角,共设七章,对应《民法典》编目,涵盖了其中重点修改内容以及部分社会热点问题,侧重选取了与日常工作、生产、生活息息相关的内容,用案情回放、快问快答、法律依据、专家释法、特别提示相结合的方式,结合143个案例进行了分析和释明，从不同的角度将《民法典》相应的内容深入浅出地展现出来，便于大家更好地了解、理解和运用《民法典》，维护切身权益。本书中选取的部分案例发生在《民法典》颁布之前，为了使读者朋友们对《民法典》有更深入的了解，笔者将依照《民法典》进行更新、更全面的解读。

在本书的编写过程中，笔者虽尽心竭力，也难免挂一漏万，欢迎各界朋友批评指正，也特别感谢在此过程中给予帮助的各位朋友！

# 目 录

## CONTENTS

前　言：《一本书读懂法律常识》护航美好生活

### 第一编　总　则

案例1. 村民擅自占地建房被强制拆除，这损失得自己承担 /005

案例2. 遗腹子的遗产继承权谁也无法剥夺 /006

案例3. 熊孩子打赏平台主播160万元，父母能要求返还吗？ /007

案例4. 荒谬的"你不帮我看孩子，我就不给你养老" /009

案例5. 签订《抚养权转让协议》后，
　　　后悔的妈妈还能要回孩子的抚养权吗？ /010

案例6. 谁来担任精神分裂症患者的监护人？ /011

案例7. 前儿媳可以作为监护人吗？ /012

案例8. 事发突然，谁来照顾独居的小孩？ /014

案例9. 夫妻店是"同林鸟"，遇到难事不能跑 /015

案例10. 公司实际经营地与注册地不一致，不能对抗善意相对人 /016

案例11. 总公司和分公司的责任要分清 /018

案例12. 为开公司而欠钱，开办人个人也得承担责任 /019

案例13. 记住！独资企业老板要承担无限责任 /020

案例 14. 谁来保护我们的个人信息？/021

案例 15. 签署离婚协议时约定大额债务由智力残疾的妻子偿还，有效吗？/023

案例 16. 协商好的赔偿金额明显低于实际损失，只能自认倒霉吗？/024

案例 17. 妻子代理智力残疾丈夫与自己签订协议，有效吗？/026

案例 18. 因救人受到损害，可向受益人要补偿 /027

案例 19. 同一行为涉嫌刑事犯罪时，民事责任不能免 /029

案例 20. 分期债务的诉讼时效从哪天算起？/030

案例 21. 债权主张应及时，莫因大意而拖黄 /031

## 第二编　物　权

案例 22. 为排涝在村民门前挖沟，村民可要求政府赔偿损失吗？/039

案例 23. 物业在共有区域搞经营，只贴告示可不行 /040

案例 24. 住宅擅自改商用，邻居不堪其烦怎么办？/042

案例 25. 电梯间等公共区域的广告收入归谁所有？/043

案例 26. 私自改装防盗门导致公共过道变窄的应拆除 /044

案例 27. 共有人有优先购买权，自己的那份不是想卖谁就卖谁 /046

案例 28. 在租来的仓库里增设的二层楼板，所有权归谁？/047

案例 29. 土地承包经营权和土地经营权不一样 /048

案例 30. 以买卖形式进行农村土地流转的行为无效 /050

案例 31. 房屋过户后土地使用年限减少，能要求赔偿吗？/051

案例 32. 村民之间私自转让宅基地的行为不受法律保护 /053

案例 33. 居住权让再婚老人老有所依 /054

案例 34. 供役地权利人应根据合同约定履行义务 /055

案例 35. 单独抵押乡镇、村企业的建设用地使用权的，该抵押无效 /057

案例 36. 处于抵押期间的财产可以转让吗？/058

# 目 录

案例37. 既抵押又出质的汽车变卖后清偿顺序分先后 /059

案例38. 不能对建设用地使用权抵押的新建房屋要求优先受偿 /060

案例39. 抵押权行使有时限，一旦超期法律不保护 /062

案例40. 到期不还债，质押财产可以归质权人所有吗？/063

案例41. 不相关的动产能留置吗？/065

## 第三编 合 同

案例42. 以未签订书面合同为由拒绝支付货款，合理吗？/072

案例43. 开发商的广告宣传可以想说啥，就说啥吗？/073

案例44. 合同签署分先后，管辖法院大不同 /075

案例45. 买房时，事先不说的"霸王条款"，买家可以拒绝接受 /076

案例46. 一定要分清，有的代理行为，沉默就是承认 /078

案例47. 装修是个技术活儿，质量约定要明确 /079

案例48. 按份债务，各还各的 /080

案例49. 原法定代表人在职期间的职务行为，公司必须承责 /082

案例50. 有权不用过期作废，要格外注意买房合同中的解除权的约定 /083

案例51. 定金约定要明确，权利义务不一样 /085

案例52. 因新冠肺炎疫情解除合同的双方互不担责 /087

案例53. 验货合格后发现隐蔽瑕疵，该如何维权？/088

案例54. 分期付款有风险，催告程序不能少 /090

案例55. 什么情况下可以撤销赠与？/091

案例56. 利率约定莫任性，超过部分不支持 /093

案例57. 房东卖房未通知租客，租客能否主张买卖合同无效 /094

案例58. 2021年起，车票丢失还需要花钱重新购买吗？/095

案例59. 这位业主拒不缴纳物业费的理由成立吗？/096

003

案例60．为省中介费的"跳单"行为要叫停 /098

案例61．误转钱款可以直接作为归还欠款吗？/099

## 第四编　人格权

案例62．剧照也不可随意使用 /105

案例63．不可以往死者身上"泼脏水" /106

案例64．健身房擅自使用学员照片做宣传，赔礼道歉不受诉讼时效限制 /108

案例65．承担了违约责任还要支付精神损害赔偿 /109

案例66．不实报道应在诉前禁止传播 /111

案例67．强行劝酒喝死人，劝酒人要担责 /113

案例68．妻子不同意捐献过世丈夫的遗体，别人谁同意都没用 /114

案例69．违法配售临床试验药物害人不浅 /116

案例70．下属遭遇性骚扰，单位不作为也要担责 /117

案例71．商场不可随意搜查消费者身体 /119

案例72．冒用他人姓名上学，相关部门均应担责 /120

案例73．擅自使用他人照片做封面，即使不营利也构成侵权 /122

案例74．把自己的头像编辑到他人的照片上进行营利可能构成侵权 /124

案例75．使用肖像不能随意扩大范围 /125

案例76．新闻报道"坏人坏事"不需承担民事责任 /127

案例77．不可借文学创作之名，损害他人名誉 /129

案例78．新闻报道中的错误必须更正，否则可能侵权 /131

案例79．征信记录有异常，银行不是"一言堂" /132

案例80．超出合理限度安装摄像头会侵害他人隐私权 /134

案例81．卖机票的网站不可随意处理买票人信息 /135

# 目 录

## 第五编 婚姻家庭

案例 82. 遭遇家庭暴力要积极寻求法律保护 /143

案例 83. 老父欲再婚，儿子偷藏户口本的行为合法吗？/144

案例 84. 被不雅照片威胁而结婚，该婚姻是否可以请求撤销？/146

案例 85. 婚后发现对方隐瞒重大疾病的，应当如何是好？/147

案例 86. 婚姻被认定无效或者被撤销后，财产和债务如何处理？/148

案例 87. 妻子年老生活陷入困境，丈夫是否仍可继续在外逍遥？/150

案例 88. 八年前夫妻一方签订的《房屋买卖合同》，
现在另一方是否可以未在合同上签字而不履行过户义务？/151

案例 89. 丈夫意外残疾，离婚时妻子能分割丈夫的人身损害赔偿金吗？/153

案例 90. 丈夫借钱独自享受高消费，妻子是否应当偿还该债务？/154

案例 91. 妻子患重病，丈夫却主张放弃治疗，
妻子可以请求分割共同财产吗？/156

案例 92. 夫妻外出打工各顾各，但不能对孩子不闻不问 /157

案例 93. 非婚生子女的生父不能以任何理由拒付抚养费 /159

案例 94. 儿子养了五年发现不是亲生的，他可提起诉讼 /160

案例 95. 达成离婚协议，是否就算把婚离了？/161

案例 96. 婚姻非儿戏，30 天的离婚冷静期可认真考虑 /163

案例 97. 法院判决不准离婚后，又分居一年的可判离婚 /164

案例 98. 八岁小娃可自己做主跟爸还是随妈 /166

案例 99. 全职主妇的家务劳动也值钱 /168

案例 100. 收养这事很重要，符合条件才有效 /169

案例 101. 养子成年后，即使解除收养关系仍应支付赡养费 /171

一本书读懂法律常识

# 第六编　继　承

案例102. 再婚夫妻同时死亡，遗产如何在各自继承人之间分配？/176

案例103. 转为城镇户口的子女不能继承农村父母的宅基地使用权 /177

案例104. 口头表示放弃继承后又反悔，仍旧能分到家产吗？/179

案例105. 表态要趁早：未明确表示是否接受遗赠，结果啥也没分到 /180

案例106. 夫妻因家庭琐事闹矛盾，丈夫气不过自杀的，
妻子能否继承其遗产？/181

案例107. 儿子先于父母死亡的，孙子的继承权应当如何保护？/183

案例108. 丧偶儿媳在什么情况下可以成为第一顺序继承人？/184

案例109. 尽了主要赡养义务的人是否可以请求多分遗产？/186

案例110. 继承人之外的人在什么情况下也可以分得适当遗产？/187

案例111. 打印遗嘱有效，但有前提 /189

案例112. 老大单独摄制的母亲分配财产的录像，是否有效？/191

案例113. 紧急情况解除后，当时立下的口头遗嘱是否还有效？/192

案例114. 遗嘱里有一位10岁的孩子作为见证人，该遗嘱是否有效？/193

案例115. 遗嘱中没有给缺乏劳动能力又没有生活来源的人
保留遗产怎么办？/195

案例116. 老人立完遗嘱后，又将遗嘱所涉房产过户给他人的，
继承人应该如何处理？/196

案例117. 遗赠扶养协议签订后，受遗赠人未履行相应义务怎么办？/198

案例118. 存有遗产的遗嘱执行人未按遗嘱内容分配遗产的如何处理？/199

案例119. 继承开始以后，继承人在财产分割前死亡的如何处理？/200

案例120. 未给胎儿保留遗产份额的遗产分割协议是否有效？/202

案例121. 丈夫死亡后，妻子欲再婚，面对公婆的过分要求该怎么办？/203

# 目 录

案例122．继承人继承遗产后，是否应当清偿被继承人的全部债务？/204

## 第七编　侵权责任

案例123．教唆未成年人实施侵害同样要担责/211

案例124．自愿参加文体活动，受到其他参加人损害，责任谁承担？/212

案例125．小牛偷吃别人种的菜被打死，合适吗？/214

案例126．旅游照遗失给顾客带来精神损害，顾客能否要求精神损失费？/215

案例127．被侵害的财产不断增值，该如何确定损失的赔偿数额？/217

案例128．驾驶单位的车辆发生交通事故造成他人损害，
　　　　　单位应承担赔偿责任/218

案例129．邻里之间互相帮忙盖房子，帮工意外受伤，谁来承担责任？/220

案例130．商场人多拥挤，导致顾客受伤，商场应当承担责任/221

案例131．孩子在幼儿园遭受伤害，园方要为此负责/223

案例132．烟花二次燃爆使人受伤，责任谁来担？/224

案例133．只投了商业保险，发生交通事故，保险公司应全赔吗？/226

案例134．出了交通事故的车是偷来的，真正的车主需要担责吗？/228

案例135．免费搭顺风车发生交通事故，责任如何承担？/229

案例136．医院未尽告知义务，应赔偿患者损失/230

案例137．对医院过度检查说"不"/232

案例138．工厂随意排放废水，村民真的束手无策吗？/234

案例139．老人被狗绳绊倒致死，谁应当承担侵权责任？/235

案例140．墙皮脱落将他人砸伤，应当由谁承担赔偿责任？/237

案例141．高空抛物找不到责任人怎么办？/238

案例142．车辆因撞上路上堆放的沙子发生交通事故，只能自认倒霉吗？/240

案例143．行人在暴雨天气坠入井中导致死亡，谁应当承担赔偿责任？/241

第一编

总　则

一本书读懂法律常识

# 内容概要[1]

《总则编》基本保持了2017年10月生效的《民法总则》的内容，结合本次《民法典》[2]各编的表述做了个别条款的修改和调整。《总则编》规定了民事活动必须遵守的基本原则和一般性原则，共10章，主要涉及基本规定、民事主体、民事权利、民事法律行为和代理、民事责任、诉讼时效和期间计算等方面的内容。

本编无论是对胎儿利益的保护，还是对未成年人、无民事行为能力和限制民事行为能力的成年人、老年人等的权益维护均有覆盖和规定。对胎儿利益的保护，明确在涉及遗产继承、接受赠与时，胎儿视为具有民事权利能力，从而更加完善和保护了胎儿的利益。随着社会发展和生活、教育水平的提高，未成年人心智发育都有所提高，《民法总则》将限制行为能力人的年龄由10周岁下调为八周岁，《民法典》对此规定延续，有利于未成年人根据现在的生活环境和方式从事与其年龄、智力相适应的相关活动，一定程度上尊重了未成年人的自主意识，保护其合法权益。而非一贯认定其为完全无行为能力人，需要法定代理人代其实施民事行为。

---

[1]本书中内容概要部分为对《中华人民共和国民法典》原典每编内容的简要概述。
[2]为方便阐述和理解，本书中将《中华人民共和国民法典》统一简称为《民法典》。

# 第一编 总 编

对于未成年人父母死亡或没有监护能力的情况，其他具有监护资格的人应按顺序担任监护人，目的在于防止具有监护资格的人之间互相推卸责任，未成年人的权益无法有效获得保证。对于无民事行为能力或者限制民事行为能力的成年人，其监护人亦应由有监护能力的人按顺序担任。父母作为监护人，从更有利于子女生活和权益的角度出发，可以通过遗嘱的方式为无民事行为能力的子女指定监护人。

本编新增规定，发生疫情等突发事件时，居委会、村委会、民政部门有义务在监护人无法履行监护职责时，对被监护人安排必要的生活照顾措施。虽然居委会、村委会、民政部门不是监护人，但在发生突发事件时，其应当根据法律规定对被监护人履行相应的职责和义务，不能想照顾就照顾，不想照顾就不照顾。

当下，老龄化比较严重，子女在父母丧失能力后不一定能做到有效监护，可由意定监护，即在充分尊重本人意愿的前提下，老人有权在自己意识清醒的情况时，指定自己信任的人，由其作为监护人处理自己将来丧失能力时的各种事项。

本篇第三章对于法人和非法人组织的成立、活动、解散、责任承担等内容做了全面规定。随着互联网和智能手机等的普及，日常生活中使用各种应用软件时，都要求提供相应个人信息，而个人信息被滥用已成为较为常见的现象。《民事权利》一章中，对于公民个人信息的保护做了明确规定，任何组织或者个人在需要获取他人个人信息时，均需依法获取他人信息，不得非法收集、使用、加工、传输他人信息，更不得非法买卖、提供或者公开他人个人信息。

本篇第六章规定了民事法律行为有效、无效的情形以及何种情

一本书读懂法律常识

况下，行为人有撤销权。关于撤销权的行使期限一般为自知道或应当知道撤销事由之日起一年内，但涉及重大误解的撤销权应在九十日内行使。

本篇第七章规定代理，包括委托代理和法定代理。行为人没有代理权；超越代理权或者代理权终止后的代理行为，未经被代理人追认的，对被代理人不发生效力，但相对人知道或者应当知道的，相对人和行为人按各自过错承担责任。

本篇第九章中，民事责任分按份责任和连带责任。民事责任的承担方式主要有停止侵害，排除妨碍，消除危险，返还财产，恢复原状，修理、重做、更换，继续履行，赔偿损失、支付违约金、消除影响、恢复名誉，赔礼道歉等。明确规定见义勇为的人可以向侵权人或者受益人要求赔偿和补偿。

**除法律另有规定外，诉讼时效一般为三年，该条规定区别于之前《民法通则》规定的诉讼时效两年。**本编同时规定了诉讼时效中止、中断、延长及不适用诉讼时效的情况。当事人超过诉讼时效后主张权利的，法院不得主动适用诉讼时效的规定。

《民法典》生效后，《中华人民共和国婚姻法》《中华人民共和国继承法》《中华人民共和国民法通则》《中华人民共和国收养法》《中华人民共和国担保法》《中华人民共和国合同法》《中华人民共和国物权法》《中华人民共和国侵权责任法》《中华人民共和国民法总则》同时废止。

# 第一编　总　编

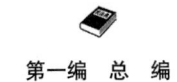

## 案例1. 村民擅自占地建房被强制拆除，这损失得自己承担

**案情回放**

2016年，市郊的郑某未取得村委会的准许便在院墙外建设15间平房用于出租，村委会对此不予认可。村委会认为，郑某所占的地块是2009年腾退两位村民房屋后空闲出来的土地，郑某未经村委会同意，擅自占用建设房屋，损害了村集体的利益。2019年7月19日，村委会召集村民开会，动员村民自行拆除自建房屋，并在会上传达村委会将于7月22日开始帮拆。7月23日，村委会在郑某的自建房处张贴《拆除告知书》，责令郑某于7月24日中午12时前自行拆除相关房屋。村委会《村民自治章程》中记载：村民有服从某某工委、村、统一规划的义务，严禁侵占街巷，严禁在宅基地外乱搭建违章建筑；村民在宅基地范围内翻盖、增建房屋，应向有关部门申报，未获准前，不得擅自在宅基地内外建设任何建筑物，已建的违法建筑物应予拆除。2019年7月24日，村委会组织人员对郑某在院外建设的15间平房实施强制拆除。郑某现要求村委会赔偿因强制拆除上述房屋给其带来的损失10万元。

**快问快答**

问：郑某是否有权获得该赔偿？

答：不能获得赔偿。

**法律依据**

《民法典》第十条　处理民事纠纷，应当依照法律；法律没有规定的，可以适用习惯，但是不得违背公序良俗。

**专家释法**

发生民事纠纷时，应当根据法律规定处理；如果法律没有规定的，在不违背公序良俗的前提下，可以适用当地通用的习惯。村委会拆除郑某的房屋是根据本村的《村民自治章程》规定，并经过相关会议决定，该决定的目的是维护村集体的利益，决定程序不违反法律规定。郑某作为本村村民应当遵守该政策和决定，按要求主动拆除其在宅基地之外自行建设的房屋。上述案例中，郑某亦无法提供在院外建设的房屋是在合法宅基地范围内的证据，且郑某在建设上述房屋时也没有向有关部门办理审批手续，因此，郑某要求村委会赔偿因拆除上述房屋给其带来的损失10万元无法得到支持。

需要注意的是，虽然郑某要求村委会赔偿其违建房屋的损失没有得到法院支持，但如果在村委会拆除房屋过程中给郑某造成被拆除房屋内财物的损失，法院有可能会酌情裁判要求村委会赔偿。因此，建议村委会在拆除违建房屋时应注意对被拆房屋内的财物先行清点登记并采取录像等合理措施进行证据保全。

**特别提示**

本条规定仅限于处理民事纠纷，且法律没有规定，应作广义上的理解，即法律、行政法规、地方性法规、自治条例和单行条例等均未对处理民事纠纷作出规定。虽然《民法典》规定在法律没有规定的情况下，可以适用习惯，但并不是任何习惯都可以适用，实践中适用的习惯需要是被大家广泛接受、约定俗成的，且不能违背公序良俗和法律基本原则。

## 案例2. 遗腹子的遗产继承权谁也无法剥夺

**案情回放**

张某和杨某系夫妻关系。张父已去世，张母与张某一家共同生活，保管张某的存款。2016年张某在交通事故中死亡，此时，杨某怀有二胎，夫妻有共同债务两万元。三个月后二女儿出生，共同债务尚未偿还。为了还债，杨某向张母提出分割夫妻俩的共同财产，并要求将张某的遗产在清偿债务后按照法定继承由杨某、杨某和张某的两个女儿及张母平均分割。但张母认为，张某死亡时其二女儿还没有出生，不应该分割张某的遗产，张某的遗产应该由张母、杨某及杨某和张某的大女儿三人分割。杨某和张母对遗产继承各有各的理解，无法达成一致。

## 第一编 总 编

### 🔊 快问快答

问：杨某和张某的二女儿是否有权继承张某的遗产呢？

答：二女儿有权继承父亲张某的遗产。

### 法律依据

**《民法典》第十六条** 涉及遗产继承、接受赠与等胎儿利益保护的，胎儿视为具有民事权利能力。但是，胎儿娩出时为死体的，其民事权利能力自始不存在。

### 专家释法

根据《民法典》规定，胎儿视为具有民事权利能力，虽然张某的二女儿在张某死亡时尚在母体中，但其继承权应该给予保护。二女儿有权作为第一顺位继承人，继承父亲张某的遗产，且继承的份额应当跟其他有权继承人一样。在本案中，首先应确定张某和杨某的夫妻共同财产内容，偿还夫妻共同债务后，杨某有权就剩余的夫妻共同财产享有一半。而对于张某所享有的另一半和张某个人的财产（如有），杨某、张某和杨某的两个女儿及张母有权各享有四分之一。

### 💡 特别提示

《民法典》以法典的形式强调了对胎儿利益的保护，肯定了胎儿在遗产继承、接受赠与等方面的权利。但如胎儿出生时为死体的，则其民事权利能力自始不存在，为其留存的继承份额应根据法定继承的规定办理。

## 案例 3. 熊孩子打赏平台主播 160 万元，父母能要求返还吗？

### 🎬 案情回放

小辉 2002 年出生，初中辍学。2018 年 10 月至 2019 年 1 月，小辉使用父母的银行卡，多次向某科技公司账户转账，打赏直播平台主播，打赏金额近 160 万元。小辉父母得知后，希望某科技公司能退还全部打赏金额，遭到拒绝，双方对簿公堂。

一本书读懂法律常识

### 🔊 快问快答

问：对于小辉打赏的款项是否可以追回？

答：因本案金额巨大，在充分举证的情况下有望追回。

### 法律依据

**《民法典》第十九条** 八周岁以上的未成年人为限制民事行为能力人，实施民事法律行为由其法定代理人代理或者经其法定代理人同意、追认；但是，可以独立实施纯获利益的民事法律行为或者与其年龄、智力相适应的民事法律行为。

### 专家释法

小辉打赏直播平台主播时为16周岁，属未成年人，根据《民法典》规定，限制民事行为能力人在参与网络付费游戏或者网络平台打赏后，如其支付行为与其年龄、智力、精神健康状况相适应，则合同有效；反之，则合同效力待定，监护人如果不予追认，则合同无效。本案中，小辉作为未成年人，打赏近160万元，金额巨大，其父母作为监护人对小辉的行为事先不知情，事后不予追认。2020年5月，《最高人民法院关于依法妥善审理涉新冠肺炎疫情民事案件若干问题的指导意见（二）》中明确规定："限制民事行为能力人未经其监护人同意，参与网络付费游戏或者网络直播平台'打赏'等方式支出与其年龄、智力不相适应的款项，监护人请求网络服务提供者返还该款项的，人民法院应予支持。"在经过一审、二审两审程序，该案已调解结案，某科技公司已将近160万元打赏款返还。

### 💡 特别提示

虽然最高人民法院的指导意见对限制民事行为能力人的打赏行为规定了明确的指导意见，但父母作为未成年人的监护人，仍应担负好教育和管理的责任，否则，一旦发生纠纷，父母需要承担举证的责任，即需要证明打赏等行为是未成年人所为，而对于年满八周岁的未成年人作出的与其年龄和智力相适应的消费和支出，父母可能面临损失无法追回，承担相应民事责任的风险。

## 第一编 总 编

**案例 4. 荒谬的"你不帮我看孩子，我就不给你养老"**

**案情回放**

老李生有一儿一女，妻子已去世多年。老李一个人辛苦地把两个孩子拉扯大。前些年，老李的大女儿出嫁，第二年生下一个男孩。由于男方的父母在其他地方居住，女儿与女婿工作非常忙碌，于是女儿将老李接到自己的家中照看孩子。两年后，老李的儿子也结婚生下了一个男孩。这时候，女儿的孩子已经上幼儿园，不再需要大人时刻照顾了。而老李觉得自己的身体大不如前，于是，他跟女儿女婿提出想回老家生活，更自在一些。女儿也同意了老李的想法，但这时儿子突然提出要老李帮忙带孩子。老李将自己的情况如实相告，希望儿子能够理解自己，但没想到的是，儿子大发脾气，说老李只关心自己的女儿，不关心儿子。还特别生气地说，以后他也不会管老李，让女儿去管。

**快问快答**

问：儿子可以不赡养老李吗？

答：不能。

**法律依据**

《民法典》第二十六条　父母对未成年子女负有抚养、教育和保护的义务。

成年子女对父母负有赡养、扶助和保护的义务。

**专家释法**

赡养老人是子女应尽的法定义务，任何人不得以任何理由拒绝赡养老人。赡养不仅包括经济上的供养，还包括精神上、感情上的慰藉，同时包括当老人患病或不能自理时的及时治疗和护理。现在很多年轻人有了孩子之后都需要老人帮忙看孩子，老人不给看孩子，年轻人就认为你不给我看孩子，我也不给你养老，这种观点是非常错误的。父母对未成年子女有抚养义务，但祖父母、外祖父母对孙子女、外孙子女没有法定的抚养义务，子女不能因父母不给看孩子而不履行自己对父母的赡养义务。老人是否帮子女带孩子并不能作为成年子女是否赡养老人的理由和依据。因此，即使老李没有帮儿子看孩子，儿子也依然应该对老李履行赡养义务。

### 💡 特别提示

赡养父母是法定义务，子女不能以父母是否帮忙看孩子、是否享受父母的财产等为条件而决定赡养或不赡养父母，赡养义务也不因父母离婚等原因而消除。

## 案例5. 签订《抚养权转让协议》后，后悔的妈妈还能要回孩子的抚养权吗？

### 📽 案情回放

2006年，侯某与汪某未办理结婚登记，按农村习俗开始同居生活。2007年10月生下一男孩，取名汪娃。2008年6月汪某因工厂厂棚倒塌被砸身亡。事故发生后，经双方协商，厂方赔偿侯某、汪父各项费用共计19万元。处理完汪某后事，在汪父强烈恳求下，侯某与汪父达成《抚养权转让协议》，孩子交由汪父抚养。2010年，侯某起诉请求法院判令要回儿子汪娃的监护抚养权。

### 🔊 快问快答

问：侯某可以要回自己对儿子的监护抚养权吗？

答：可以要回对孩子的监护抚养权。

### 👨‍⚖️ 法律依据

《民法典》第二十七条　父母是未成年子女的监护人。

未成年人的父母已经死亡或者没有监护能力的，由下列有监护能力的人按顺序担任监护人：

（一）祖父母、外祖父母；

（二）兄、姐；

（三）其他愿意担任监护人的个人或者组织，但是须经未成年人住所地的居民委员会、村民委员会或者民政部门同意。

# 第一编 总编

### 专家释法

父母是未成年子女的监护人。侯某作为母亲，身体健康，具有监护能力，是汪娃的法定监护人。虽然汪父与侯某签有《抚养权转让协议》，但该协议违反了法律强制性规定，协议中转让监护的内容应属无效。且结合本案情况，汪娃仅两岁，由其母亲对汪娃行使监护抚养权对汪娃的成长更为有利。因此，侯某可以要回儿子汪娃的监护抚养权。

### 特别提示

父母不仅是未成年子女的监护人，而且父母对未成年子女负有抚养、教育和保护的义务。抚养未成年子女是父母的法定义务。同时，对于具有监护资格的人，应按照法律规定的顺序担任监护人。

## 案例6. 谁来担任精神分裂症患者的监护人？

### 案情回放

朱某，女，1969年11月出生，患有精神分裂症。2017年2月，法院作出的《民事判决书》宣告朱某为无民事行为能力人。朱某未婚未育，其妹嫁到外市。朱母于2016年去世，朱父于2019年去世，朱父生前立下遗嘱，写明"监护遗嘱：我有一女儿名叫朱某，因其自身有病，故未成家，所以其需要监护。我百年之后，监护权需交给我侄子担当，其他外人不得干预。在监护问题上，第一，保证朱某自身对家属院的房屋的居住权；第二，在生活上给予照料；第三，有病及时送医院；第四，女儿过世后需葬在我和她母亲身边。以上遗嘱是我在清醒时所写"。朱父去世后，朱某由侄子照顾。现侄子向法院申请确定其为朱某的监护人。

### 快问快答

问：法院是否应该支持他的申请？

答：应该支持。

### 法律依据

《民法典》第二十九条　被监护人的父母担任监护人的，可以通过遗嘱指定监护人。

### 专家释法

本案中，朱某为无民事行为能力人，朱父是其法定监护人。朱父在其在世且清醒的情况下，作为朱某的监护人，从保护朱某权益的角度写下遗嘱指定其侄子作为朱父百年后朱某的监护人，符合法律规定。而侄子也愿意承担朱某监护人的责任，法院应当支持他的申请。侄子作为监护人应当保护朱某的人身权利、财产权利及其他合法权益。

### 特别提示

《民法典》同时规定了无民事行为能力或者限制民事行为能力的成年人的监护人的担任顺序（1. 配偶；2. 父母、子女；3. 其他近亲属；4. 其他愿意担任监护人的个人或者组织，但是须经被监护人住所地的居民委员会、村民委员会或者民政部门同意）。在本案中，如朱父没有通过遗嘱为朱某指定监护人，则朱父去世后，根据法律规定的顺序，朱某的妹妹应优先成为其监护人。

## 案例 7. 前儿媳可以作为监护人吗？

### 案情回放

沈母今年 87 岁，早年丧偶，有两个儿子。大儿子和小儿子上了年纪，身体也不好。老伴儿去世后，沈母一直跟小儿子一起生活；小儿子离婚后，将沈母送到养老院，经常去探望。2018 年，小儿子去南方居住，很少回来。但养老院每年都需要沈母的监护人签字，小儿子回不来，大儿子又不愿意签。如果没有监护人签字，养老院就没法住下去了。沈母年事已高，自己生活风险太大，考虑到沈母的现状，社区工作人员为其介绍咨询律师。律师建议沈母指定一个人作为自己的监护人，于是沈母联系与其关系不错的前儿媳，前

## 第一编 总 编

儿媳表示愿意担任沈母的监护人。在律师的陪同下，沈母、前儿媳在公证处签署了《意定监护协议》，律师作为意定监护的监督人。《意定监护协议》约定当沈母因各种意外、事故或健康原因等出现无法自己判断、辨识自己的行为，认知有障碍等情况时，监护开始。公证处对该协议做了公证，沈母可以继续在养老院生活。

### 快问快答
问：沈母指定前儿媳做监护人有法律依据吗？
答：指定前儿媳做监护人有法律依据。

### 法律依据
**《民法典》第三十三条** 具有完全民事行为能力的成年人，可以与其近亲属、其他愿意担任监护人的个人或者组织事先协商，以书面形式确定自己的监护人，在自己丧失或者部分丧失民事行为能力时，由该监护人履行监护职责。

### 专家释法
沈母可以在其意识清晰，具有完全民事行为能力的时候指定监护人，通过签署书面协议，约定在其发生患病或者意外等导致自己无法判断、辨识自己行为时，监护人代理其从事一定行为，照顾其生活，处分其财产等，以便保护沈母的人身权利、财产权利及其他合法权益。此种指定监护人的方式为意定监护。前儿媳对公婆虽然没有法定的监护义务，但如果双方协商一致，可以作为指定监护人履行监护职责。

### 特别提示
意定监护是有完全行为能力的成年人按照自己的想法和意愿对自己将来的监护事务所做的事先安排，一般情况下，应优于法定监护适用。但如发生意定监护协议无效，或意定监护人丧失监护能力，无法履行监护职责，或其他致使监护协议无法履行的情形时，适用法定监护。考虑到意定监护区别于法定监护，为了明确当事人意思表示的真实性以及协议的真实性，《意定监护协议》的签署过程一般都会通过公证的方式完成。监护协议应明确意定监护事项、监护职责、监护条件实现的确认方式、争议解决等方面的内容。

### 案例8. 事发突然，谁来照顾独居的小孩？

**案情回放**

2020年春节期间，小丽的妈妈因疑似感染新冠肺炎需要在医院隔离；小丽的父亲回老家探亲，受新冠肺炎疫情的影响，无法及时赶回。妈妈被隔离后，八岁的小丽独自留守家中，无人照顾。于是小丽妈妈向社区求助，社区工作人员在了解到小丽家的情况后，前往小丽家，留下了自己的手机号让小丽有问题随时给他打电话，每日三餐都按时给小丽送去，还采购了一些日常用品和食品送给到小丽家中，照顾起小丽的生活起居，直至小丽的母亲解除隔离回家。

**快问快答**

问：社区工作人员可否以人手不够、没有义务等理由拒绝照顾小丽呢？

答：不可以。

**法律依据**

《民法典》第三十四条　监护人的职责是代理被监护人实施民事法律行为，保护被监护人的人身权利、财产权利以及其他合法权益等。

监护人依法履行监护职责产生的权利，受法律保护。

监护人不履行监护职责或者侵害被监护人合法权益的，应当承担法律责任。

因发生突发事件等紧急情况，监护人暂时无法履行监护职责，被监护人的生活处于无人照料状态的，被监护人住所地的居民委员会、村民委员会或者民政部门应当为被监护人安排必要的临时生活照料措施。

**专家释法**

《民法典》在《民法总则》基础上增加了突发事件等紧急情况时监护人

## 第一编 总 编

无法履行监护职责时,被监护人住所地的居委会、村委会或民政部门应当履行的职责。新冠肺炎疫情发生后,多地都出现了监护人被隔离,未成年人、老人、无民事行为能力者等需要照顾的群体无人照顾,生活无法自理的情形,《民法典》的该条规定明确了一旦出现监护人因突发事件等紧急情况无法履行监护职责时的解决途径,即被监护人住所地的居委会、村委会或民政部门应当担负起照顾被监护人的临时生活的职责。

**特别提示**

在发生突发事件等紧急情况时,监护人的监护资格仍然存在,只是暂时无法履行监护职责,在这种情况下,居委会、村委会或者民政部门需要安排必要的临时生活照料措施,照料被监护人的日常生活。虽然居委会、村委会或民政部门在此种情况下并不是监护人,但如居委会、村委会或民政部门未按该条规定履行或怠于行使照料义务的,需要承担相应的责任。

### 案例 9. 夫妻店是"同林鸟",遇到难事不能跑

**案情回放**

老郑夫妻在县城经营一家五金店,该店是以老郑名义注册的个体工商户,由夫妻二人共同经营。2018 年 11 月 9 日,杨某在该五金店购买了一个无品牌名称的充电器和电瓶。杨某回到自家经营的门市部后,将新买的充电器和电瓶插到电源上充电。下班后该店内无人看守,充电器也未断电。11月 10 日早上 7 时,门市部发生爆炸,引起火灾。经报警后消防队赶到现场进行处置。消防大队认定"充电过程中发生短路引起爆炸导致火灾"。经审核,门市部的财产损失按照货物成本价认定为 77 万余元。现杨某以门市部的名义起诉要求老郑夫妻二人赔偿其因火灾造成的损失 77 万余元。郑妻辩称,五金店是以老郑名义注册的个体户,应该以个体户为被告,自己不应当承担任何责任。

### 快问快答

问：在本案中，郑妻是否应该承担赔偿责任呢？

答：郑妻应该承担赔偿责任。

### 法律依据

《**民法典**》第五十六条　个体工商户的债务，个人经营的，以个人财产承担；家庭经营的，以家庭财产承担；无法区分的，以家庭财产承担。

农村承包经营户的债务，以从事农村土地承包经营的农户财产承担；事实上由农户部分成员经营的，以该部分成员的财产承担。

### 专家释法

本案中，杨某在门市部无人看守、人员离开的情况下没有给充电器断电，应对火灾承担一定比例的责任。而杨某在五金店购买的充电器、电瓶均无产品合格证标识和生产时间，且五金店无法证明其产品是合格产品，杨某购买的产品存在缺陷。作为销售者，五金店应当承担产品存在缺陷造成人身、他人财产损害的责任。郑妻主张该责任应由个体户"五金店"承担，但经查，该五金店虽然以老郑名义注册，实际则为老郑夫妻共同经营。因此，对于销售者的赔偿责任，应当由老郑夫妻共同承担。

### 特别提示

以个体工商户名义经营的，如无法区分是个人经营还是家庭经营，一旦发生债务，则需要以家庭财产承担该债务。除非有明确的证据材料能证明其个人经营的事实。

## 案例 10. 公司实际经营地与注册地不一致，不能对抗善意相对人

### 案情回放

某公司与村民王某于 2013 年 5 月签订了一份《某房屋买卖合同》，合同约定："本合同履行中发生争议，由双方当事人协商解决；协商不成的，提交有管辖权的人民法院裁决。"后双方因房屋买卖合同的履行发生纠纷，

# 第一编 总 编

王某将该公司诉至某市 A 区人民法院，该公司提出管辖权异议，认为该案件应该由其公司实际经营地某市 B 区人民法院管辖。经查，该房屋买卖合同纠纷中涉案房屋所在地为某市 A 区，该公司的注册地亦为某市 A 区。

## 快问快答

问：该公司提出的应由其实际经营地法院管辖的异议能否被法院支持？

答：不能被支持。

## 法律依据

《民法典》第六十五条　法人的实际情况与登记的事项不一致的，不得对抗善意相对人。

## 专家释法

《民事诉讼法》规定，因合同纠纷提起的诉讼，由被告住所地或者合同履行地人民法院管辖。本案中，双方对合同履行地并未做明确约定，发生纠纷时，王某可以向该公司住所地某市 A 区人民法院提起诉讼。虽然该公司提出应该由其实际经营地某市 B 区人民法院管辖，但根据法律规定，法人的住所地应为法人向主管行政机关登记的地点，该公司的登记地即为某市 A 区，该公司存续期间登记事项发生变化的，应及时向登记机关申请变更。实际情况与登记的事项不一致的，不得对抗善意相对人。因此，本案中，王某向该公司的登记住所地某市 A 区人民法院提起诉讼符合法律规定。法院最终驳回了该公司的管辖权异议请求。

## 特别提示

公司在存续期间如发生法人、注册地址、股东等登记信息变更的情况时，应及时向登记机关办理变更手续，否则，一旦发生纠纷，公司以内部实际情况发生变化为由提出对抗时，对于善意相对人而言，不发生效力。

一本书读懂法律常识

## 案例 11. 总公司和分公司的责任要分清

### 🎥 案情回放

2007 年 7 月 19 日，某建设公司第二分公司（以下简称"二分公司"）借用刘某的房屋做抵押，由刘某向银行贷款 50 万元，并向刘某出具了加盖公章的借条，该借条约定了借款利率（利息按年 12% 计算），并承诺，贷款费用及利息由其归还，扣除银行贷款利息后到期一次性支付。刘某完成贷款后，将该款项存至某分公司的银行账户。2017 年 7 月 19 日，该笔贷款本息已全部结清，但二分公司并未向刘某支付利息，于是刘某将二分公司及某建设公司诉至法院要求二分公司支付借款利息，某建设公司承担连带责任。

### 🔊 快问快答

问：刘某的诉求能否被法院支持？

答：刘某要求二分公司支付借款利息的诉求会被支持，但要求某建设公司承担连带责任的诉求不会被支持。

### 📝 法律依据

《民法典》第七十四条　法人可以依法设立分支机构。法律、行政法规规定分支机构应当登记的，依照其规定。

分支机构以自己的名义从事民事活动，产生的民事责任由法人承担；也可以先以该分支机构管理的财产承担，不足以承担的，由法人承担。

### 👤 专家释法

刘某与二分公司之间的借贷关系属于双方真实意思表示，亦不违反法律、法规等强制性规定，受法律保护。本案中，刘某已按照约定借出贷款并将该笔贷款支付给二分公司，贷款已于 2017 年 7 月 19 日全部结清；那么，二分公司也应按约定于贷款还清后将相应利息支付给刘某。另，二分公司是某建设公司的分公司，根据《民法典》规定，分支机构可以以自己的名义从事活动，产生的民事责任可以先以分支机构的财产承担。本案中，刘某主张由某分公司承担责任，符合法律规定，但某建设公司不应承担连带责任，而是在二分

· 018 ·

公司的财产不足以承担责任时，就不足部分承担补充清偿责任。

💡 **特别提示**

分公司作为法人的分支机构，是法人的组成部分，其设立时不需要注册资金。虽然分公司可以独立地开展业务，但该业务应在总公司授权范围内进行，其民事责任由设立它的总公司承担，也可以先以分公司管理的财产承担，不足以承担的，由法人承担补充责任。

## 案例12. 为开公司而欠钱，开办人个人也得承担责任

🎬 **案情回放**

2008年4月30日，杜某与A公司签订了一份《空房承包合同》，承包A公司的房屋，合同约定承包期为10年。杜某表示，其承包该房屋是为了设立公司进行经营。2009年3月，杜某作为发起人之一以该房屋为注册地址依法登记设立了B公司，杜某为法人。上述合同签订后，杜某经常拖欠承包金，经A公司多次催讨，杜某和B公司虽然确认欠款事宜，但仍未及时支付承包金及水电费等费用，现A公司将杜某诉至法院，要求杜某就所欠租金及其他费用承担责任。

🔊 **快问快答**

问：A公司是否有权要求杜某就所欠租金及其他费用承担责任？

答：有权要求杜某承担责任。

👨‍⚖️ **法律依据**

《民法典》第七十五条　设立人为设立法人从事的民事活动，其法律后果由法人承受；法人未成立的，其法律后果由设立人承受，设立人为二人以上的，享有连带债权，承担连带债务。

设立人为设立法人以自己的名义从事民事活动产生的民事责任，第三人有权选择请求法人或者设立人承担。

### 专家释法

杜某以自己的名义签署《空房承包合同》，后 B 公司成立。杜某作为设立人为设立公司从事的民事活动，其法律后果由该公司承受。作为出租方的 A 公司可以选择请求杜某承担欠租责任，也可以选择 B 公司承担欠租责任。本案中，A 公司选择要求杜某承担欠租责任符合法律规定。

### 特别提示

实践中，设立人为开公司而以自己名义从事民事行为的，第三人往往并不知晓其目的。为了使第三人的权益得到有效保障，《民法典》规定了发生此种情形时，第三人就相关民事责任，有权选择请求法人承担，或者选择请求设立人承担。

## 案例 13. 记住！独资企业老板要承担无限责任

### 案情回放

2017 年，某毛衫厂（由李某个人独资）与尹某签订了四份加工合同，并约定了交货日期。合同约定，毛衫厂应在尹某交货合格后 60 日内结算加工款，逾期应支付相应的银行同期利息。如尹某交货发生逾期，需每日向毛衫厂支付加工款的 5% 作为违约金。尹某将原材料拿回去加工后送回毛衫厂，经毛衫厂工作人员核实，加工款共计五万元。但毛衫厂及其投资人李某均未向尹某支付货款。于是，尹某向法院起诉要求毛衫厂及其投资人李某向其支付加工款。但毛衫厂及李某反诉称，尹某四份合同的交货均发生逾期，应按合同约定的违约金比例支付违约金 2.8 万元。

### 快问快答

问：尹某是否有权要求毛衫厂和李某就所欠加工款共同承担责任？

答：尹某有权要求毛衫厂和李某共同承担责任。

## 第一编　总　编

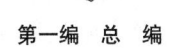

### 法律依据

**《民法典》第一百零四条**　非法人组织的财产不足以清偿债务的，其出资人或者设立人承担无限责任。法律另有规定的，依照其规定。

### 专家释法

本案中，尹某与毛衫厂签署的加工合同为真实有效的合同，其按约定完成加工货物并经毛衫厂验收合格后，毛衫厂应向尹某支付加工款。经法院审理查明，尹某逾期交货为事实，但毛衫厂及李某主张的违约金过高，且无法证明因尹某逾期交货违约行为而给其造成的具体实际损失，结合案件履行情况及违约情形，法院确定以加工款为基数按月利率2%计算逾期交货违约金较为适当。因此，毛衫厂应向尹某支付除去违约金金额的剩余加工款及利息。因毛衫厂为李某投资经营的个人独资企业，根据《民法典》规定，个人独资企业属于非法人组织，李某作为非法人组织的出资人，应对毛衫厂的债务承担无限责任。因此，李某对毛衫厂欠尹某的加工款应承担共同清偿责任。

### 特别提示

非法人组织是不具有法人资格，但是能够依法以自己的名义从事民事活动的组织。非法人组织包括个人独资企业、合伙企业、不具有法人资格的专业服务机构等。不具有法人资格的专业服务机构主要指律师事务所、会计师事务所等。

除法律另有规定外，非法人组织虽然有自己的财产，但当发生其财产不足以清偿债务的情形时，其出资人或者设立人应对此债务承担无限责任。

## 案例 14. 谁来保护我们的个人信息？

### 案情回放

黄某在使用某公司开发的某读书App时发现，同由该公司开发的某聊天软件将其好友关系的数据交予该读书App，在黄某并未进行自愿授权的情况下，该读书App的"关注"栏目下出现了使用该App的黄某好友名单。

在黄某没有进行任何添加关注操作的情况下，黄某账户中"我关注的"和"关注我的"页面下出现了大量黄某的某聊天软件好友；且该读书 App 未经黄某自愿授权，默认向"关注我的"好友公开黄某的读书想法等阅读信息。不仅如此，黄某在使用该读书 App 的过程中还发现，即使黄某与黄某的某聊天软件好友在该读书 App 中没有任何关注关系，也能够相互查看对方的书架、正在阅读的读物、读书想法等，然而上述信息属于黄某并不愿向他人展示的隐私信息。于是，黄某以侵害其个人信息权益和隐私权为由将某聊天软件及某读书 App 的开发方诉至法院。请求法院判令上述软件的开发方立即停止使用某读书 App 获取、使用黄某好友数据的行为，并删除其留存的上述数据；解除因其控制黄某的某读书账户关注黄某的好友而形成的某读书 App 关注关系等诉求。

### 快问快答

问：黄某的诉求是否被法院支持？

答：可以被支持。

### 法律依据

《民法典》第一百一十一条　自然人的个人信息受法律保护。任何组织或者个人需要获取他人个人信息的，应当依法取得并确保信息安全，不得非法收集、使用、加工、传输他人个人信息，不得非法买卖、提供或者公开他人个人信息。

### 专家释法

个人信息包括自然人的姓名、出生日期、身份证件号码、生物识别信息、住址、电话号码、电子邮箱、健康信息、行踪信息等。法院在审理中认为，某读书 App 中的读书信息包含了可以指向该信息主体的网络身份标识信息，即"从信息到个人"；读书信息，包括读书时长、最近阅读、书架、推荐书籍、读书想法等，能够反映其阅读习惯、偏好等，符合"从个人到信息"的特征，属于个人信息。黄某的某聊天软件联系人信息属于其个人信息，在用户合理

# 第一编 总 编

认知某聊天软件与某读书 App 为独立软件的情形下，某读书 App 获取某聊天软件好友列表的行为，以及向黄某并未主动添加关注的某聊天软件好友自动公开读书信息的行为，并未以合理的"透明度"告知黄某并获得黄某的同意。因此，某聊天软件及某读书 App 的开发方违反了法律关于处理个人信息的规定，具有过错，侵害了黄某的个人信息权益。

### 💡 特别提示

现在很多 App 软件在使用聊天软件登录时会要求用户授权，建议用户在授权前看清楚具体授权内容，避免随意点击授权后其他 App 软件使用和收集个人信息（包括姓名、身份信息、人脸信息、微信好友信息等）。另，我国现行法律从不同角度对个人信息的保护进行了明确的规定，任何组织或者个人违反个人信息保护义务时，都应当依法承担相应的民事、行政、刑事等责任。

## 案例 15. 签署离婚协议时约定大额债务由智力残疾的妻子偿还，有效吗？

### 🎬 案情回放

邓某和张某曾经为夫妻关系，张某为四级智力残疾人。2015 年至 2018 年 1 月，两人经历了两次结婚，两次离婚。2018 年 1 月，两人在第二次离婚时签订离婚协议，该协议约定："婚后有债务 57.6 万元，其中所欠赵某 20 万元及欠孙某六万元归张某偿还，其余 31.6 万元归邓某偿还。"2018 年 5 月，张某经法院判决为限制民事行为能力人。2019 年 1 月，张某向法院起诉邓某要求确认离婚协议书中约定张某承担 26 万元债务的内容无效。

### 🔊 快问快答

问：离婚协议中的这部分内容有效吗？

答：无效。

### 📋 法律依据

《**民法典**》第一百四十五条　限制民事行为能力人实施的纯获利益的民

事法律行为或者与其年龄、智力、精神健康状况相适应的民事法律行为有效；实施的其他民事法律行为经法定代理人同意或者追认后有效。

相对人可以催告法定代理人自收到通知之日起三十日内予以追认。法定代理人未作表示的，视为拒绝追认。民事法律行为被追认前，善意相对人有撤销的权利。撤销应当以通知的方式作出。

### 专家释法

张某为限制民事行为能力人，邓某作为其丈夫在经历了与张某两次结婚、离婚的过程，长期与张某共同生活，应该对张某患有智力残疾，属于限制民事行为能力人的事实知晓和了解。根据《民法典》规定，张某虽然在处分其夫妻共同债权债务的离婚协议书上签了字，但其作为限制民事行为能力人，对该行为产生的后果并没有相应的认知能力，其行为应属无效民事法律行为。本案中，张某的法定代理人代理张某参加诉讼请求法院判决张某与邓某在离婚协议书中关于张某承担26万元债务的内容无效，张某的诉求具有法律依据。

### 特别提示

《民法典》该条第2款还规定了相对人的催告权和善意相对人的撤销权，该两种权利均应该以明示的方式作出。法定代理人自收到相对人催告通知之日起三十日内未作表示的，视为拒绝追认，限制行为能力人的行为不发生效力。撤销权的行使仅限于善意相对人，且需要在民事法律行为被追认前行使撤销权。

## 案例16. 协商好的赔偿金额明显低于实际损失，只能自认倒霉吗？

### 案情回放

2018年9月，张某骑电动自行车与刘某相碰撞，张某受伤。该事故经交警认定，刘某承担事故全部责任，张某不承担事故责任。事发当日，双方商量，刘某赔偿张某4000元。《事故认定书》上记载"甲乙双方自愿协商，甲方（刘某）一次性赔偿乙方（张某）人民币肆仟圆整，钱款自结，签字结案"，双方当

## 第一编 总 编

事人均在事故认定书上签字。张某随后到医院就诊，医生建议后续应完善检查。之后，张某因治疗本次事故所致伤情，多次去医院就诊并住院手术，花了2.8万多元。经司法鉴定部门鉴定"被鉴定人张某交通伤致左膝半月板损伤，行手术治疗。损伤后休息期120日，营养期60日，护理期60日"。现张某将刘某诉至法院，要求其承担人身损害的侵权赔偿责任，包括医疗费、交通费、误工费、护理费等各项费用。刘某辩称，事故发生时双方已在事故认定书上签字明确了结纠纷，其已根据《交通事故认定书》向张某支付了4000元，无须再向张某支付任何其他费用和承担责任。

### 快问快答

问：本案中张某的诉求是否能获得法院支持？

答：可以获得法院支持。

### 法律依据

《民法典》第一百四十七条　基于重大误解实施的民事法律行为，行为人有权请求人民法院或者仲裁机构予以撤销。

### 专家释法

本案中，交通管理部门已对张某和刘某的交通事故作出认定，事实查明清楚，责任认定明确，法院确认《事故认定书》相应的证明力，该事故责任认定应作为确定本案民事损害赔偿的依据。张某因事故所致的人身、财产损失，应由刘某承担赔偿责任。虽然事发后张某和刘某在《事故认定书》上签署了调解协议，但由于当时张某对自己因事故受伤所造成的费用损失及损害情况严重预估不足，产生错误认识，在此种情况下其签署的调解协议确定的赔偿金额与实际损失差距较大，因此可以认定张某对其签署调解协议的行为存在重大误解，现张某主张撤销该调解协议，法院认为并无不当，予以准许。司法鉴定所出具的鉴定意见，合法有效，可以作为计算张某赔偿损失的相应依据。

### 特别提示

行为人行使撤销权需要向法院或仲裁机构提出。具有重大误解的当事人自知道或者应当知道撤销事由之日起90日内没有行使撤销权的,撤销权消灭。因此,如发生重大误解行为,当事人应自知道或者应当知道撤销事由之日起及时行使撤销权,否则,一旦过了法律规定的行使撤销权期限,其行使撤销权将无法获得法律支持。

## 案例 17. 妻子代理智力残疾丈夫与自己签订协议,有效吗?

### 案情回放

1988年,岳某与刘某结婚。2012年,岳某被认定为三级智力残疾,刘某为岳某的监护人。2014年5月,岳某、刘某与某房地产开发有限公司签订《商品房预售合同》,刘某在合同上代签岳某的姓名。2014年9月,刘某制作《共有协议》并在协议上签上其与岳某的姓名,协议约定刘某与岳某共同购买的房屋系共同财产,刘某占98%份额,岳某占2%份额。房屋产权证登记信息中也显示该房屋由岳某和刘某按份共有,刘某占98%份额,岳某占2%份额。后岳某与刘某离婚。现岳某向法院起诉要求确认《共有协议》无效。

### 快问快答

问:该案中的《共有协议》是否无效?

答:无效。

### 法律依据

《民法典》第一百六十八条　代理人不得以被代理人的名义与自己实施民事法律行为,但是被代理人同意或者追认的除外。

代理人不得以被代理人的名义与自己同时代理的其他人实施民事法律行为,但是被代理的双方同意或者追认的除外。

### 专家释法

本案中涉及的《共有协议》,协议双方为刘某和岳某,两者利益本身存在冲突，但刘某在该协议中既代表自己又代理岳某，构成了自己代理的民事行为；且该协议约定房屋比例刘某占98%，岳某占2%，明显倾向于刘某的利益，损害了岳某的利益。庭审中，刘某提出签署《共有协议》时岳某对此知情并同意，但并未就此提供相应的证据。刘某在庭审中认可签订该份协议时岳某并无民事行为能力，事后岳某对《共有协议》亦没有进行追认。因此，刘某代岳某与自己签订的《共有协议》违反了法律的强制性规定，属于无效协议。

### 特别提示

根据《民法典》规定，监护人应当按照最有利于被监护人的原则履行监护职责。监护人除为维护被监护人利益外，不得处分被监护人的财产。刘某在代岳某签署《共有协议》期间为岳某的监护人，所涉房屋是刘某与岳某在夫妻关系存续期间共同购买，应属于夫妻共同财产。刘某通过自行拟定《共有协议》并代岳某签名的方式，将原属于夫妻共同财产的涉案房屋约定为其占98%份额，岳某仅占2%份额，明显严重侵害了岳某对于所涉房屋的合法权益，违反了法律的强制性规定，因此该协议应属无效。

从代理角度考虑，刘某在签署《共有协议》时可以认定为岳某的代理人，其代理岳某与自己签署《共有协议》，而该协议中刘某和岳某的利益明显是冲突的，刘某作为代理人在该协议中将夫妻共同财产通过约定变更为自己占房屋98%的份额，明显损害了岳某的利益，且岳某对《共有协议》也没有追认。该协议违反了法律的强制性规定，应属无效。

## 案例18. 因救人受到损害，可向受益人要补偿

### 案情回放

2018年6月，罗某与朱某、郑某（17岁）等相约到水库游玩。该水库周边已做围网工程，并立有"水深危险，禁止垂钓、游泳、禁止进入"等警示标志。玩耍过程中，罗某将朱某抱住跳进水中，两人失去平衡后漂向深水

区，郑某下水施救。后罗某挣扎上岸，朱某、郑某相继溺水死亡。2019年8月，法院判决罗某犯过失致人死亡罪，并判处有期徒刑。该判决书已经生效。现郑父、郑母向法院起诉，要求罗某向其支付因郑某死亡导致的各项赔偿和补偿。

🔊 **快问快答**

问：罗某是否应当向郑父、郑母承担赔偿责任和补偿责任？

答：罗某应当承担赔偿责任和补偿责任。

**法律依据**

**《民法典》第一百八十三条** 因保护他人民事权益使自己受到损害的，由侵权人承担民事责任，受益人可以给予适当补偿。没有侵权人、侵权人逃逸或者无力承担民事责任，受害人请求补偿的，受益人应当给予适当补偿。

**专家释法**

本案中，郑某因对落水的罗某和朱某施救而死亡，当时罗某和朱某均处于危急状态，对于郑某施救朱某的行为，因朱某落水是基于罗某的侵权行为产生的，罗某是朱某的侵权人；对于郑某施救罗某的行为，罗某虽然对郑某不构成侵权，但罗某是郑某施救行为的受益人。根据《民法典》规定，郑某因保护他人民事权益使自己受到损害的，由侵权人承担民事责任，受益人可以给予适当补偿。因此，罗某不仅要承担其作为侵权人对郑某的赔偿责任，还要承担其作为受益人对郑某的补偿责任。

💡 **特别提示**

本条规定了受益人可以给予适当补偿和应当给予适当补偿的情形。受益人虽然不是侵权人，但受害人确因受益人的权益而遭受损害，如其无法获得任何赔偿或补偿，不符合公平正义原则。需要注意的是，补偿不同于赔偿，赔偿是基于损失而确定，补偿的金额则需要考虑受害人受损情况、受益人受益情况等多方因素。

## 案例 19. 同一行为涉嫌刑事犯罪时，民事责任不能免

### 案情回放

段某因与叶某产生委托合同纠纷，向某区法院起诉要求叶某返还其投资款本金 30 余万元，利息五万元。某区法院受理后查明，当地公安局已就该案所涉非法吸收公众存款的行为立案侦查并移送检察机关审查起诉。2018 年 12 月，检察院以包含叶某在内的几名被告人涉嫌非法吸收公众存款罪向法院提起公诉，现叶某因犯非法吸收公众存款罪，被判处有期徒刑五年，并处罚金 10 万元人民币。某区法院以本案诉争的纠纷涉嫌刑事犯罪，裁定驳回段某的起诉。段某不服某区法院裁定，向中级人民法院提起上诉，要求撤销某区法院裁定，指令某区法院对案件进行实体审理。

### 快问快答

问：本案中段某的请求是否符合法律规定？

答：符合法律规定，法院应予处理。

### 法律依据

**《民法典》第一百八十七条**　民事主体因同一行为应当承担民事责任、行政责任和刑事责任的，承担行政责任或者刑事责任不影响承担民事责任；民事主体的财产不足以支付的，优先用于承担民事责任。

### 专家释法

结合本案的情况，叶某因犯非法吸收公众存款罪被法院判处有期徒刑和罚金的处罚，但其承担刑事责任并不能免除其在所涉民事纠纷案件中的民事责任。因此，就段某起诉的与叶某之间的委托合同纠纷，法院不能以诉讼争议涉及刑事犯罪而不予处理。根据《民法典》规定，民事主体因同一行为应当承担民事责任、行政责任和刑事责任的，承担行政责任或刑事责任不影响承担民事责任。因此，段某的请求符合法律规定，法院应予处理。

### 特别提示

当责任主体因同一行为需要同时承担两种以上责任时，如该主体的财产不足以同时支付的，应优先承担民事责任。

## 案例 20. 分期债务的诉讼时效从哪天算起？

### 案情回放

2014 年 9 月，A 公司与计某签订《分期付款买卖汽车合同》，计某以分期付款方式从 A 公司处购买牵引车一辆，合同约定：该车总价 38.5 万元整，计某除缴纳首付款 12 万元外，还需分 24 期向 A 公司支付剩余购车款 26.5 万元，自 2014 年 10 月 25 日至 2016 年 9 月 25 日止，每月 25 日还款 1.1 万元。计某交付首付款后开始提车运营，在经营过程中时常拖欠还款，不按时还款，自 2017 年 3 月开始不再还款。截至 2018 年 8 月 13 日，计某尚欠 A 公司购车款 13.9 万元。2018 年 9 月 20 日，A 公司将计某起诉至法院，要求其支付欠款、违约金及其他应付 A 公司的费用和利息等。计某辩称，A 公司诉讼时间为 2018 年 9 月 20 日，其主张的 2015 年 9 月 20 日之前的欠款本金及违约金超过诉讼时效。

### 快问快答

问：计某提出的欠款本金及违约金超过诉讼时效的抗辩理由是否成立？

答：不成立。

### 法律依据

《民法典》第一百八十九条　当事人约定同一债务分期履行的，诉讼时效期间自最后一期履行期限届满之日起计算。

### 专家释法

本案中，计某和 A 公司在合同中约定分期支付购车款，该约定不违反法律规定，属于有效约定。根据合同约定，计某最后一期还款日应为 2016 年 9 月 25 日，因此，诉讼时效应自该日起开始计算。根据《民法典》规定，普通的诉讼时效期间为三年，如无法律特别规定，权利人应从知道或者应当知道权利受到损害之日开始起三年内向人民法院请求保护其民事权利。A 公司于 2018 年 9 月 20 日将计某诉至法院，请求其支付欠款等并未超过诉讼时效，计某以 2015 年 9 月 20 日之前的欠款本金及违约金超过诉讼时效作为抗辩理由不能成立。

### 特别提示

诉讼时效届满后，权利人再向法院提请保护其合法权利的，义务人有权拒绝履行其给付义务，权利人将失去胜诉的权利。在当今社会，尤其是借贷关系中，如借款人到期未按约定归还借款，出借人应及时有效催缴，以保证诉讼时效延续，避免因出借人不及时催缴债务而超过诉讼时效，从而发生借款人拒绝履行义务，借款人无法通过诉讼获得胜诉支持的情况。

## 案例 21. 债权主张应及时，莫因大意而拖黄

### 案情回放

2011 年 9 月，徐某和陈某签订了《转让协议》，协议约定：徐某将其与他人合作开采大理石矿的 50% 股份转让给陈某；股权转让价为 10 万元（含山场租金），分两次付清，10 月 20 日付五万元，年底付五万元。协议签订后的第二天，陈某向徐某支付了两万元转让费，其余转让费未按约支付。2012 年 3 月 10 日，陈某向徐某出具了欠股份转让金八万元的欠条，并约定年底付清。2020 年 3 月，徐某向法院起诉要求陈某归还借款本金八万元，并自 2012 年 3 月 10 日起按年利率 6% 支付利息直至还清债务。在诉讼中，陈某提出该欠款已过诉讼时效，请求依法驳回徐某的诉讼请求。

### 快问快答

问：在本案中法院会支持徐某的诉讼请求吗？

答：不支持。

### 法律依据

《民法典》第一百九十二条　诉讼时效期间届满的，义务人可以提出不履行义务的抗辩。

诉讼时效期间届满后，义务人同意履行的，不得以诉讼时效期间届满为由抗辩；义务人已经自愿履行的，不得请求返还。

### 专家释法

诉讼时效是指民事权利受到侵害的权利人在法定时效期间内不行使权利，当诉讼时效期间届满后，债务人获得诉讼时效的抗辩权。徐某主张的转让款发生在**2017年9月30日前（解析见特别提示）**，根据《中华人民共和国民法通则》第一百三十五条规定，向人民法院请求保护民事权利的诉讼时效期间为二年，法律另有规定的除外。上述案例中，陈某于2012年3月10日出具的欠条中约定"年底付清"，即陈某应于2012年12月31日前付清转让费。因此，本案的诉讼时效期间应从2013年1月1日起算二年，至2014年12月31日届满。现陈某不认可徐某在诉讼时效期间向其主张过权利，而徐某亦未提供证据证明其在诉讼时效期间向陈某提出过履行请求，故徐某应对诉讼时效届满承担举证不能的不利法律后果。其次，所谓诉讼时效中断系诉讼时效期间进行中，因发生一定的法定事由，使已经经过的时效期间全部归于无效，待诉讼时效中断事由终结后，诉讼时效期间重新起算。本案中，徐某陈述其于2017年向陈某多次催款，但该催款行为发生在诉讼时效届满后，并非诉讼时效期间进行中，故不适用诉讼时效中断的法律规定。徐某亦无证据证明陈某在诉讼时效届满后作出了同意履行义务的意思表示，且徐某在诉讼中自认2017年其向陈某催款时，陈某是不同意还款的，故本案诉讼时效不重新计算。

### 特别提示

《最高人民法院关于适用〈中华人民共和国民法总则〉诉讼时效制度若干问题的解释》规定，《民法总则》施行（**2017年10月1日施行**）前，民法通则规定的二年或者一年诉讼时效期间已经届满,当事人主张适用《民法总则》关于三年诉讼时效期间规定的,人民法院不予支持。《民法典》关于诉讼时效的规定与《民法总则》相同,即向人民法院请求保护民事权利的诉讼时效期间为三年。法律另有规定的,依照其规定。《民法典》第一百九十三条同时规定,人民法院不得主动适用诉讼时效的规定,因此,如已超过诉讼时效的事项,权利人向法院提出诉讼,如对方未就诉讼时效事宜提出的,人民法院不得以诉讼时效届满为由不支持当事人的诉求。

第二编

# 物 权

## 内容概要

　　《物权编》调整的范围为因物的归属和利用产生的民事关系。本编共五个分编，20章，主要包括《通则》《所有权》《用益物权》《担保物权》和《占有》。《通则》从一般规定，物权的设立、变更、转让和消灭，物权的保护等方面进行了规定。《所有权》从一般规定，国家所有权和集体所有权、私人所有权，业主的建筑物区分所有权，相邻关系，共有，所有权取得的特别规定等方面进行了规定。《用益物权》从一般规定、土地承包经营权、建设用地使用权、宅基地使用权、居住权、地役权等方面进行了规定。《担保物权》从一般规定、抵押权、质权、留置权等方面进行了规定。本编将《中华人民共和国农村土地承包法》《物业管理条例》等内容调整到《民法典》中。

　　关于不动产登记，**增加**"利害关系人不得公开、非法使用权利人的不动产登记资料"，**增加**"集体成员有权查阅、复制与集体财产状况相关的资料"。第六章中，明确居民委员会应当对设立业主大会和选举业主委员会给予指导和协助。业主共同决定的事项中增加改变共有部分的用途或者利用共有部分从事经营活动的事项，且对于业主共同决定的事项的参与比例和表决比例均做了调整，该比例较之于《物业管理条例》等规定更为严谨，更大程度地保障业主

## 第二编 物 权

发挥业主权利参与表决,充分保障自身权益;明确将屋顶、外墙、无障碍设施等共有部分的维修、更新和改造纳入维修基金的使用范围;利用共有部分产生的收入,扣除合理成本后,归全体业主共有;住宅改变为经营性用房的,需要经有利害关系的业主一致同意,只要有一个利害关系业主不同意,住宅便不能改变为经营性用房。

在第八章中,除对共有不动产或动产进行处分或重大修缮需要经占份额三分之二以上共有人同意外,**增加**变更性质或者用途时,也需经占份额三分之二以上共有人同意;按份共有人转让享有的共有份额时,**增加**其他共有人均行使优先购买权的处理原则,协商一致的,按协商比例购买,协商不成时,按各自的共有比例享有优先购买权;**增加**因添附(加工、附合、混合)而产生的物的归属的处理原则,添附发生后,恢复添附物的原状如不大可能或者经济上不合理的,该添附物归一方或各方共有,受损害的一方可以获得赔偿或补偿。

关于用益物权,**明确**土地承包经营权人可以依法流转土地经营权,流转的形式可以是出租、入股或者其他方式。《建设用地使用权》章节中,明确设立建设用地使用权,应当符合节约资源、保护生态环境的要求等。明确住宅建设用地自动续期费用的缴纳或减免依法律、行政法规的规定办理。增加《居住权》章节,对居住权的设立、居住权人的权利及限制做了明确规定;抵押财产转让时无须经抵押权人同意。

关于担保物权,**明确**担保合同包括抵押合同、质押合同和其他具有担保功能的合同。债务人或第三人可以抵押的财产中增加海域使用权。抵押权人与抵押人约定到期不还债，抵押财产归抵押权人所有的，只能依法就抵押财产优先受偿。**删除**抵押权设立后产生的出租关系不得对抗已登记的抵押权表述，**增加**抵押财产除约定外在抵押期间可以转让的相关规定，提高了抵押财产的流动性。同一财产上既有抵押权又有质权的，该财产经拍卖、变卖后所得价款按照登记、交付的先后顺序清偿。质权章节中，约定到期不还债，质押财产归债权人的，只能依法就质押财产优先受偿。

## 第二编 物 权

### 案例 22. 为排涝在村民门前挖沟，村民可要求政府赔偿损失吗？

**案情回放**

2018年8月，因特大暴雨，导致赵某房屋、院内及西侧田地积水严重。经镇政府组织，镇水利服务站到赵某住处排涝救灾，在赵某房屋南侧院门前挖成宽度约1米的排水沟，将积水引出至东侧水沟，后将排水沟部分回填。在上述过程中，赵某院门前的花坛及水泥路部分被拆掉。目前该排水沟深约0.3米，仍对赵某及其家人出行造成不便。赵某认为镇政府及镇水利服务站挖沟排涝的行为损害了其合法权益，故提起诉讼，要求法院确认由镇政府安排，镇水利服务站实施的挖掉赵某院内和门口的水泥路，在水泥路桥下挖深坑的行为违法以及赔偿挖沟给赵某造成的损失1.3万元。

**快问快答**

问：镇政府组织安排镇水利服务站挖沟排水的行为是否违法，是否应该就赵某所提损失进行赔偿？

答：镇政府依法组织抢险救灾，并结合实际情况采取有效救灾措施，符合法律规定，并无不妥。赵某无证据证明其损失与挖沟行为有关，则其提出的诉求无法获得法院支持。

**法律依据**

《民法典》第二百四十五条　因抢险救灾、疫情防控等紧急需要，依照法律规定的权限和程序可以征用组织、个人的不动产或者动产。被征用的不动产或者动产使用后，应当返还被征用人。组织、个人的不动产或者动产被征用或者征用后毁损、灭失的，应当给予补偿。

**专家释法**

根据法律规定，组织有关部门对管辖区域内洪涝灾害进行恢复与救济属于镇政府的法定职责，协助镇政府做好洪涝灾害后恢复与救济工作属于镇水利服务站的法定职责。本案中，镇政府、镇水利服务站为救灾需要，可以依法定权限和程序征用赵某房屋前的土地、设施用于排涝救灾。结合现场情况，镇政府、镇水利服务站选择在赵某房屋南侧门前挖沟排涝，将积水引入东侧水沟，及时有效化解洪涝险情，并无不妥，不违反法律、法规的规定。但灾情结束后，镇政府、镇水利服务站并未对挖成的排水沟及时处理和回填，对赵某及其家人的通行造成不便，应当采取适当的方式给予赵某弥补，及时回填为排涝救灾而挖成的排水沟，并应将周围地面齐平，以不影响赵某及家人通行为原则。对于赵某提出的赔偿损失，因赵某无法提供相应证据，法院不予支持。

**特别提示**

较之《物权法》规定，《民法典》在紧急需要的原因中明确增加疫情防控的表述，即发生疫情防控需要时，可以依照法定权限和程序征用组织、个人的不动产或动产。组织、个人对此应给予支持和理解。但征用结束后，应及时将被征用的不动产或动产返还给被征用人。如确发生被征用的不动产或动产损毁、灭失等情形的，应当给予被征用人相应补偿。被征用人就损失主张权利的，建议提供相应依据，以更全面有效地获取权益。

## 案例23. 物业在共有区域搞经营，只贴告示可不行

**案情回放**

某小区物业公司为了方便住户，提出在小区共有部分的合适区域引进快递驿站、便民洗衣服务等经营性服务。物业公司就该提议在小区显著位置贴出通告，告知业主在通告发出后15日内如无业主提出异议，物业公司将直接引进这些经营性服务。

**快问快答**

问：该小区物业公司的做法是否符合法律规定？关于改变共有部分的用途或者利用共有部分从事经营性活动是否需要业主表决同意？

答：该小区物业公司的做法不符合法律规定的程序。改变共有部分的用途或者利用共有部分从事经营性活动的事项，需要经一定比例的专有部分面

积和业主人数的参与、表决通过后方可生效，并对全体业主有效。

### 法律依据

**《民法典》第二百七十八条** 下列事项由业主共同决定：

（一）制定和修改业主大会议事规则；

（二）制定和修改管理规约；

（三）选举业主委员会或者更换业主委员会成员；

（四）选聘和解聘物业服务企业或者其他管理人；

（五）使用建筑物及其附属设施的维修资金；

（六）筹集建筑物及其附属设施的维修资金；

（七）改建、重建建筑物及其附属设施；

（八）改变共有部分的用途或者利用共有部分从事经营活动；

（九）有关共有和共同管理权利的其他重大事项。

业主共同决定事项，应当由专有部分面积占比三分之二以上的业主且人数占比三分之二以上的业主参与表决。决定前款第六项至第八项规定的事项，应当经参与表决专有部分面积四分之三以上的业主且参与表决人数四分之三以上的业主同意。决定前款其他事项，应当经参与表决专有部分面积过半数的业主且参与表决人数过半数的业主同意。

### 专家释法

《民法典》就需要业主共同决定的事项增加了关于改变共有部分的用途或者利用共有部分从事经营活动的表决事项，且明确规定该事项应当由专有部分面积占比三分之二以上的业主且人数占比三分之二以上的业主参与表决，并应当经参与表决专有部分面积四分之三以上的业主且参与表决人数四分之三以上的业主同意。因此，上述案例中，物业公司如想在共有部分引进经营性服务，需要经双过（专有建筑面积和业主人数）三分之二的业主参与表决，且经参与表决的业主双过（专有建筑面积和业主人数）四分之三同意后方可落实。另外，《民法典》对需要业主共同决定的其他事项也做了修改，如将筹集和使用维修基金分为两个事项，并规定了不同比例的参与表决要求和通过要求。

> **特别提示**
> 
> 《民法典》就业主共同决定事项，增加了参与表决的占建筑面积比和占业主人数比要求，即二者占比均需达到三分之二以上。之前的《物权法》对参与表决的占比并没有规定。对于重大事项的通过比例也由之前的双过三分之二变更为参与表决基数基础上的双过四分之三。因此，业主在实践中行使业主权利时需要注意这些变更。

### 案例 24. 住宅擅自改商用，邻居不堪其烦怎么办？

**案情回放**

张某的房屋位于某小区，房屋用途为住宅，张某为该房屋所有权人，也是该房屋业主。赵某夫妻住同小区，与张某是邻居。入住后，赵某夫妻以该房屋为住所登记成立了一家设计公司，主要从事美发业务。张某对赵某夫妻改变房屋用途的行为非常不满，经多次沟通无果后，张某向法院提起诉讼，要求赵某夫妻立即停止营业、排除妨害、消除危险、恢复房屋住宅使用功能。

**快问快答**

问：张某是否有权提出该请求？

答：有权要求赵某夫妻立即停止营业。

**法律依据**

《民法典》第二百七十九条　业主不得违反法律、法规以及管理规约，将住宅改变为经营性用房。业主将住宅改变为经营性用房的，除遵守法律、法规以及管理规约外，应当经有利害关系的业主一致同意。

**专家释法**

张某的房屋与赵某夫妻的房屋在同一栋建筑物内，且同处一层，相邻而居。张某属于法律规定的"有利害关系的业主"范围，其有权对赵某夫妻改

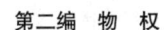

变住宅用途的行为提起诉讼。本案中，赵某夫妻作为某小区业主，未经有利害关系的业主同意即将该房屋由住宅性质改变为经营性质，张某作为有利害关系的业主认为赵某夫妻"住改商"的行为影响了其正常居住和生活，存在妨害自身及其他有利害关系业主的物权或可能妨害物权的情况，对于赵某夫妻的这种"住改商"行为，张某有权要求其停止经营、恢复房屋的住宅性质，该要求符合法律规定。

### 💡 特别提示

《民法典》对业主将住宅改变为经营性用房时，取得利害关系业主同意的范围扩大，即如有业主将住宅改变为经营性用房时，必须先经过有利害关系业主的同意，除此之外，还需要经有利害关系业主的一致同意。如有利害关系的业主中对"住改商"的行为有一人持反对意见，该业主便不能将住宅改为经营性用房。另，业主在何种情况下属于"有利害关系的业主"，需要结合住宅改变为经营性用房后的实际情况，如结合其经营用途、影响程度和范围等多方面考虑分析。

## 案例 25. 电梯间等公共区域的广告收入归谁所有？

### 🎬 案情回放

近日，某市住建委执法总队与市某区房管局对某小区展开了联合执法。执法过程中发现，该小区多个单元电梯间均投放了商业广告，但物业公司并未就该经营行为提前征询业主同意，也未对该收益进行过任何公示。日常生活中，各小区内公共区域、共有部分随处可见各种广告，还有的设立各种自动售卖机、快递柜、便捷服务摊位、售水机以及占用共有道路设置车位等。

### 🔊 快问快答

问：这些公共区域、共有部分经营所得收入属于物业公司还是小区业主？

答：属于小区业主。

### 法律依据

《民法典》第二百八十二条　建设单位、物业服务企业或者其他管理人等利用业主的共有部分产生的收入，在扣除合理成本之后，属于业主共有。

### 专家释法

《民法典》规定，建筑区划内的道路，属于业主共有，但是属于城镇公共道路的除外；建筑区划内的绿地，属于业主共有，但是属于城镇公共绿地或者明示属于个人的除外；建筑区划内的其他公共场所、公用设施和物业服务用房，属于业主共有。物业公司使用小区公共区域、共有部分进行经营的，首先应经过一定比例的业主同意，根据《民法典》规定，该事项需要专有部分面积和人数均过三分之二以上的业主参与表决，并经参与表决的四分之三（专有部分面积和人数均要求达到该比例）以上业主同意方可经营；其次，共有部分经营所得收入，扣除合理成本外，应属于全体业主所有。物业公司或其他任何单位不得将该部分收入据为己有，不得将该部分收入用于本应由物业费支出的费用。

### 特别提示

对于来自小区公共区域、共有部分的收入，物业公司应就该部分收入单列账户管理，并在一定期限内向业主公示。该部分收入属于全体业主所有，可以根据业主决定用于补充专项维修资金或者其他业主共同决定的用途。

## 案例 26. 私自改装防盗门导致公共过道变窄的应拆除

### 案情回放

颜某、双某同住一小区，双方毗邻而居，门前为公用通道，颜某出入需从双某家房门前经过。2018 年 8 月，双某在对自家房屋进行装修时，将原向内开启的入户门拆除，改装向外开启的防盗门。该防盗门开启时，公用通道空间变窄、通行不便；而当该防盗门开启与通道墙面成 90 度夹角时，留给他人通行的宽度更为狭窄，使得他人不能正常通行，存在安全隐患。颜某要求双某恢复向内开门，双某认为其每次开关门的时间很短，不会影响颜某的通行。经多次沟通未果后，颜某向法院起诉要求双某拆除改装的防盗门。

### 快问快答

问：颜某是否可以要求双某将改装的防盗门拆除？

答：有权要求双某拆除改装的防盗门。

### 法律依据

《民法典》第二百八十八条　不动产的相邻权利人应当按照有利生产、方便生活、团结互助、公平合理的原则，正确处理相邻关系。

### 专家释法

双某改装的朝外开启的防盗门在被开启时，造成公共通道空间变小，对颜某的通行造成不便，且在该防盗门的开关过程中，公共通道剩余的宽度狭小，给颜某及家人的进出造成了不必要的人身安全隐患，侵犯了颜某的相邻通行权。根据《民法典》规定，不动产的相邻权利人应当按照有利生产、方便生活、团结互助、公平合理的原则，正确处理相邻关系。本案中，双某改装防盗门的行为虽然没有对颜某及家人造成实际损害，但防盗门打开时，占用了部分公共道路，使得公共通道空间变小，尤其是当防盗门全部打开与过道墙面呈垂直状态时，通道宽度无法正常通行，确给颜某及家人的进出造成困难，存在不便和隐患。因而颜某有权要求双某拆除防盗门，消除危险、排除妨碍。

### 特别提示

相邻权利人不仅包括相邻不动产的所有权人，还包括相邻不动产的用益物权人和占有人。法律、法规对处理相邻关系有规定的，依照其规定；法律、法规没有规定的，可以按照当地习惯。《民法典》同时规定，业主对建设单位、物业服务企业、其他管理人以及其他业主侵害自己合法权益的行为，有权请求其承担民事责任。

### 案例 27. 共有人有优先购买权，自己的那份不是想卖谁就卖谁

**案情回放**

老王、老张和老赵在小镇里共同投资购买了一个铺位，总价为 100 万元，其中老王出资 40 万元，老张和老赵各出资 30 万元。现在老张想把自己在铺位中的份额转让给他的邻居老李。老王和老赵知道后表示，关于老张在铺位中的份额，老李出多少钱买，他们就出多少钱买。

**快问快答**

问：这种情况下，老张可以将其在铺位中的份额卖给老李吗？

答：不可以，同等条件下，老王和老赵享有优先购买权。

**法律依据**

《民法典》第三百零六条　按份共有人转让其享有的共有的不动产或者动产份额的，应当将转让条件及时通知其他共有人。其他共有人应当在合理期限内行使优先购买权。

两个以上其他共有人主张行使优先购买权的，协商确定各自的购买比例；协商不成的，按照转让时各自的共有份额比例行使优先购买权。

**专家释法**

根据《民法典》规定，老王、老张和老赵是铺位的按份共有人，老张想卖掉自己的铺位份额，需要将转让的条件及时通知老王和老赵，在老王和老赵均表示放弃优先购买权后，方能将其份额转让给老李。但如果老王和老赵都想买，同样的价格，老张需要优先把铺位份额转让给老王和老赵。老王和老赵可以商量各自购买的份额。商量不成的，根据老王和老赵在铺位中的共有份额比例购买老张想要转让的那部分铺位份额。

**特别提示**

《民法典》的这条规定更全面地保障了共有人的优先购买权，对两个以上其他共有人均主张享有优先购买权时的处理做了明确的规定。该规定既有效维护了多个共有人的优先购买权，又减少了多个共有人因协商不一

致时产生纠纷的概率和可能性。但需要注意的是，优先购买权需要在合理期限内行使。

## 案例 28. 在租来的仓库里增设的二层楼板，所有权归谁？

### 案情回放

2006 年 7 月，李某与某公司签订《场地房屋使用协议书》，约定将某公司持有的仓库租给李某做木材加工，租期一年。该协议还约定，李某使用期间，新增的固定设施，涉及房屋安全的期满后不得拆除，其余的必须恢复原状或赔偿经济损失。李某租用仓库后，在仓库内增设了二层楼板，租期届满后，李某一直续租该仓库。2012 年 3 月，因当地政策该仓库被列入拆迁范围，负责部门在登记清单中明确注明了李某在该仓库内增设的附属设施。后该仓库被拆迁，仓库中涉及李某修建的附属设施二层楼板的补偿款为 15 万元。李某一直未领到该设施的补偿款，遂于 2019 年年初到负责部门询问，得知附属设施的补偿款已列入某公司应得的补偿款中，于是李某向法院提起诉讼，要求某公司返还其增设的附属设施所对应的补偿款 15 万元。

### 快问快答

问：李某是否有权拿回其增设的附属设施所对应的全部补偿款呢？

答：在双方没有约定的情况下，该增设附属设施被认定为共有（各占 50%），李某可以拿回该增设附属设施对应的拆迁补偿款的一半。

### 法律依据

《民法典》第三百二十二条　因加工、附合、混合而产生的物的归属，有约定的，按照约定；没有约定或者约定不明确的，依照法律规定；法律没有规定的，按照充分发挥物的效用以及保护无过错当事人的原则确定。因一方当事人的过错或者确定物的归属造成另一方当事人损害的，应当给予赔偿或者补偿。

### 专家释法

虽然李某和某公司的纠纷源于双方签署的租赁协议，但实际争议的焦点为李某在租赁期间对仓库增设隔层的添附行为所产生的额外补偿款的归属问题。本案中，李某和某公司就仓库的租赁协议为一年一签。原则上，李某不应在租期仅为一年的仓库内修建使用时间较为长久的固定设施，若修建使用时间较为长久的固定设施应当与某公司协商一致并签订书面协议。但李某在租赁仓库期间，为自己使用方便，在该仓库中修建隔层，将原本仅为一层的仓库隔为两层，而某公司对李某增设隔层并使用多年的行为并未提过异议，应视为其默认李某在该仓库内增设隔层的行为。考虑到增设隔层被纳入补偿范围是基于房屋本身满足额外补偿的条件，且双方对增设隔层的所有权及对应增加的拆迁补偿款的归属未做约定。法院根据公平原则确认，李某和某公司对该增设隔层的补偿款各享有一半，某公司应返还该部分所对应的拆迁补偿款，即7.5万元。

### 特别提示

本条为《民法典》新增条文，在此之前，我国法律对添附（加工、附合、混合的统称）没有明确的规定，但添附行为在日常生活中极为常见。发生添附行为时，所有权如何归属往往是人们比较关注且容易产生纠纷的事项，而本次《民法典》对此进行了明确的规定，对人们在实践中碰到该类问题的处理指明了方向，有利于各方纠纷的解决。

## 案例29.土地承包经营权和土地经营权不一样

### 案情回放

1999年4月，姜某将其27亩承包土地的土地承包经营权以1.6万元的价格转让给同集体经济组织的马家。之后，姜某将该土地交于马家，土地一直由马家耕种至2017年。2002年10月，马家取得了当地县政府颁发的《农村集体土地承包经营权证》，承包期限至2028年12月30日止，马家对该

## 第二编 物 权

土地享有了土地承包经营权。2018年5月,姜某与刘某签订协议书一份,协议书内容为将其承包的土地(与转让给马家的土地一致)出租给刘某。2018年,刘某未经马家同意在该土地耕种。双方发生纠纷,现马家要求姜某、刘某立即停止侵占其享有承包经营权的承包地,并将该土地全部交给马家实际承包经营。

### 快问快答

问:马家是否享有该土地的承包经营权?

答:马家享有该土地的承包经营权。

### 法律依据

《民法典》第三百三十四条 土地承包经营权人依照法律规定,有权将土地承包经营权互换、转让。未经依法批准,不得将承包地用于非农建设。

### 专家释法

《民法典》规定,土地承包经营权自土地承包经营权合同生效时设立。登记机构应当向土地承包经营权人发放《土地承包经营权证》《林权证》等证书,并登记造册,确认土地承包经营权。本案中,姜某将土地承包经营权转让给马家符合法律规定,合法有效;且马家已经取得了当地政府颁发的《农村集体土地承包经营权证》,该证书是马家享有土地承包经营权的法律凭证,具有公示效力。土地承包经营权转让后,马家与发包方成立新的承包关系,姜某与发包方在该土地上的承包关系即终止,其不再享有对该土地的土地承包经营权,亦无权以土地承包经营权人的身份对该土地经营权进行出租。基于此,马家有权要求姜某、刘某停止侵占其享有承包经营权的土地,并将该土地返还给马家实际承包经营。

### 特别提示

《民法典》同时规定,土地承包经营权互换、转让的,当事人可以向登记机构申请登记;未经登记,不得对抗善意第三人。上述案例中,如将土地承包经营权转让后,马家并未对土地承包经营权申请登记,则不得对抗善意第三人。

另，需要区分土地承包经营权和土地经营权。农村土地承包经营存在三种权利，即土地所有权、土地承包经营权和土地经营权。土地所有权归农村集体经济组织所有；土地承包经营权归承包该土地的农民家庭享有；土地经营权指享有土地承包经营权的人保留土地承包权，流转土地经营权。流转土地经营权并不改变承包方享有土地承包经营权的性质。流转方式可以是出租，也可以是入股，或者是其他方式。土地经营权人有权在合同约定的期限内占有农村土地，自主开展农业生产经营并取得收益。虽然土地承包经营权人可以自主决定依法流转土地经营权，但应注意流转的期限不应超过承包期的剩余期限，且土地经营权的流转不得改变土地所有权的性质和土地的农业用途，不得破坏农业综合生产能力和农业生态环境。

## 案例 30. 以买卖形式进行农村土地流转的行为无效

### 案情回放

2006 年 12 月，某乡人民政府就 A 村荒山的出租组织了招投标，吴某以 16 万元的价款中标。中标后，A 村村民委员会与吴某签订了《山地租用合同书》，约定将该村山地出租给吴某，租用年限为 50 年，从 2008 年 1 月 1 日至 2057 年 12 月 31 日止。合同签订后，吴某付清了租金。2017 年 3 月，陈某为建设住宅需要，经与吴某协商，双方签订了《土地使用权转让协议》，该协议约定，吴某同意将该地块部分土地使用权转让给陈某用于建设住宅。陈某向吴某支付 15 万元土地转让款，并约定由陈某自行办理建房审批手续。后陈某建房审批手续未通过。于是，陈某将吴某诉至法院，要求确认陈某和吴某签订的《土地使用权转让协议》无效。

### 快问快答

问：该《土地使用权转让协议》是否有效？

答：无效。

## 第二编　物　权

### 🔖 法律依据

《民法典》第三百四十二条　通过招标、拍卖、公开协商等方式承包农村土地，经依法登记取得权属证书的，可以依法采取出租、入股、抵押或者其他方式流转土地经营权。

### 👤 专家释法

根据《民法典》上述规定，流转方式中不包括买卖，且根据法律规定，农村土地承包后，土地的所有权性质不变。本案中，吴某通过招标方式承包了 A 村荒山的土地使用权，其与陈某签订的《土地使用权转让协议》中明确约定将部分土地使用权转让给陈某用于建设住宅，该约定显然超出了《山地租用合同书》约定的租赁期限及权限，且其向陈某出具的收条中明确写明收款为"购地款"。因此，上述转让协议虽名为土地使用权转让协议，实则为承包地买卖协议，该约定违反了法律的禁止性规定。基于此，陈某和吴某签订的《土地使用权转让协议》因违反法律强制性规定而无效。合同被确认无效后，因无效合同取得的财产应当相互返还。

### 💡 特别提示

农村土地承包采取农村集体经济组织内部的家庭承包方式；不宜采取家庭承包方式的荒山、荒沟、荒丘、荒滩等农村土地，可以采取招标、拍卖、公开协商等方式承包。通过家庭承包方式取得土地的土地承包经营权，承包方可以依法向他人流转土地经营权。通过招标、拍卖、公开协商等其他方式承包取得该土地的土地经营权。

## 案例 31. 房屋过户后土地使用年限减少，能要求赔偿吗？

### 🎬 案情回放

2016 年 10 月，李某与沈某在某中介公司签订了《存量房交易合同》，约定沈某将位于某市某区的铺位出售给李某，房屋用途为商业，土地使用年限自 2004 年 9 月 2 日至 2044 年 9 月 1 日止，2016 年 12 月，李某去不动产交易中心办理了过户并缴纳房款以及相关税费。2017年1月，某中介公司告知李某其房屋土地使用年限将变更。2017年3月，李某领取了房屋产权证，发现该房屋土地使用年限到2034年8月31日止，土地规划为商业。该房产证比沈某原房产证上登记的土地使用年限到期日少了10年。于是，李某向法院起诉，要求沈某承担土地使用年限缺失10年的土地使用权造成的损失。

### 📢 快问快答
问：就李某提出的诉求，能否被法院支持？
答：不能被支持。

### 法律依据
《民法典》第三百五十九条　住宅建设用地使用权期限届满的，自动续期。续期费用的缴纳或者减免，依照法律、行政法规的规定办理。

非住宅建设用地使用权期限届满后的续期，依照法律规定办理。该土地上的房屋以及其他不动产的归属，有约定的，按照约定；没有约定或者约定不明确的，依照法律、行政法规的规定办理。

### 专家释法
沈某作为卖方，在与李某签订存量房交易合同时，已向李某出具了其持有的房产证，其房产证上载明的土地使用年限至2044年9月1日，基于此，在签订合同时，沈某、某中介公司均不存在隐瞒铺位的土地使用权年限情况。土地使用年限由不动产登记机关根据相关法律规定确定，并非沈某可以自由选择的范围。本案所涉铺位为商业性质，属于非住宅建设用地，根据法律规定，非住宅建设用地使用权期限届满后的续期，依照法律规定办理。但目前法律尚未规定非住宅建设用地使用权期间届满后的续期费用是否需要缴纳及依何种标准缴纳。因此，李某提出铺位土地使用权年限减少10年是否会给其造成损失尚不能确定，其基于土地使用年限缺失10年而要求沈某赔偿的诉求没有事实依据。

## 第二编 物 权

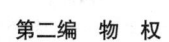

### 特别提示

虽然本案中李某的诉求没有得到法院的支持，但在房屋买卖过程中，如发生卖方或中介公司存在欺骗、隐瞒事实等行为而造成买方权益受到损害的，则相关方需要对应承担责任。

### 案例32. 村民之间私自转让宅基地的行为不受法律保护

#### 案情回放

王某和刘某系邻居关系，王某家庭共10人享有宅基地使用权，宅基地使用权证登记在王父（已故）名下。2010年，刘某翻建房屋。2010年5月，王某与刘某签订协议书一份，约定刘某因建房占用王某一米宽宅基地作为居民上厕所道路，刘某负责为王某在宅基地上建筑一栋84.5平方米、高2.8米砖混结构、塑钢门窗的平房作为占地补偿，协议签订之日起两个月竣工。双方及见证人庄某在该协议上签字。协议签订后，刘某并没有给王某建房。现王某向法院提出诉求，要求判令王某与刘某签订的协议有效，及要求刘某履行为王某建房的义务。

#### 快问快答

问：王某的诉求是否会被法院支持？

答：因违反法律强制性规定，协议书无效。王某也无权要求刘某建房。

#### 法律依据

《民法典》第三百六十三条　宅基地使用权的取得、行使和转让，适用土地管理的法律和国家有关规定。

#### 专家释法

《民法典》规定，宅基地使用权的取得、行使和转让，适用土地管理的法律和国家有关规定。《土地管理法》规定，农村村民一户只能拥有一处宅基地，其宅基地的面积不得超过省、自治区、直辖市规定的标准。农村村民建住宅，应当符合乡（镇）土地利用总体规划、村庄规划，不得占用永久基本农田,并尽量使用原有的宅基地和村内空闲地。编制乡(镇)土地利用总体规划、村庄规划应当统筹并合理安排宅基地用地,改善农村村民居住环境和条件。农村村民住宅用地,由乡(镇)人民政府审核批准;其中,涉及占用农用地的,依照本法第四十四条的规定办理审批手续。基于此,我国对农村宅基地的取得、转让及农村房屋的建造设置了相对比较严格的审批程序。农村宅基地的取得和转让必须依照法律规定,并履行必要审批手续,农民建房也需获得相关行政部门的审批和许可。王某和刘某签订的协议书因违反上述法律的强制性规定,属于无效合同。关于刘某应否为王某建房的诉求,因双方签订的协议书不具有法律效力,亦不应被支持。

### 特别提示

农村村民出卖、出租、赠与住宅后,再申请宅基地的,将不会获得批准。宅基地因自然灾害等原因灭失的,宅基地使用权消灭。对失去宅基地的村民,应当依法重新分配宅基地。

## 案例 33. 居住权让再婚老人老有所依

### 案情回放

老张在北京有两套房子,几年前老伴儿去世,经朋友介绍,认识了李老太太。两人相处了一段时间,觉得感情稳定,于是产生了想搭伴互相照顾的想法。于是老张便征求子女意见,子女表示支持,但是提到结婚,担心李老太太在老张百年后跟他们争财产、分房子。但如果直接把房子写明由子女继承,老张又担心万一自己去世后,李老太太居无定所。后来,经协商,大家一致同意,李老太太有权在老张名下房屋居住,直至其去世,但该房屋仍由老张的子女继承,李老太太不参与继承。

### 快问快答

问:李老太太是否可以一直在老张名下的房屋居住呢?

答:可以一直居住。

# 第二编 物 权

### 法律依据

《民法典》第三百六十六条 居住权人有权按照合同约定,对他人的住宅享有占有、使用的用益物权,以满足生活居住的需要。

### 专家释法

根据《民法典》规定,李老太太可以在老张名下的房屋享有居住权,但设立居住权应采用书面形式订立居住权合同。因此,老张可以通过书面订立合同的形式或者遗嘱的形式对李老太太的居住权进行约定或明确。居住权设立后,不受房屋产权人变更或继承的影响,居住权人可以一直居住至居住权期限届满或者死亡。但是居住权不得转让、继承。设立居住权的住宅不得出租,但是当事人另有约定的除外。

### 特别提示

居住权除了要有书面合同或遗嘱作为依据外,还应当向登记机构申请登记。居住权消灭时,也应及时办理注销登记手续。存在居住权的房屋发生买卖或者继承等变更产权人情形的,新的产权人或者因继承取得房屋的产权人或权利人不得要求居住权人搬离。

## 案例 34. 供役地权利人应根据合同约定履行义务

### 案情回放

2013 年 3 月,袁某、刘某、李某共同签订《承诺书》,《承诺书》中载明"由于三家相邻,为了世代友好,李某与刘某家相邻之处留有通道一条(不低于二米),袁某家今后可以长期通过,共同使用"。后刘某、李某各自出了一部分土地,留出了通道,刘某出资将该通道硬化成水泥路面。2018 年,刘某在该通道北面安装了铁栅栏,在该通道靠近刘某家大门口处安装洗手盆一个。袁某认为刘某安装的铁栅栏和洗手盆占用了通道,妨碍其正常通行。于是,袁某向法院起诉要求刘某拆除铁栅栏和洗手盆,以保障通道通行通畅。

### 🔊 快问快答

问：法院是否会支持袁某的诉求？

答：支持袁某的诉求。

### 法律依据

《民法典》第三百七十二条　地役权人有权按照合同约定，利用他人不动产，以提高自己的不动产的效益。

前款所称他人的不动产为供役地，自己的不动产为需役地。

《民法典》第三百七十五条　供役地权利人应当按照合同约定，允许地役权人利用其不动产，不得妨害地役权人行使权利。

### 专家释法

地役权的存在、使用，是基于双方的合同约定，本案中，袁某、刘某及李某签订的《承诺书》实质上是各方对使用通道的约定，符合设立地役权应当采用书面形式的要求，对袁某、刘某及李某均具有拘束力，各方应当按照《承诺书》的约定履行各自的义务。刘某、李某作为供役地权利人有义务留出通道并保证袁某通行畅通，而袁某作为地役权人有权享有基于《承诺书》的约定而产生的地役权。现刘某在通道上安装铁栅栏和洗手盆，袁某的正常通行受到妨碍，该行为违反了《承诺书》的约定，也同时违反了法律规定，刘某应承担相应的侵权责任，排除妨碍。因此，袁某要求刘某拆除铁栅栏和洗手盆，并保证通道畅通的诉求，有法可依。刘某应及时拆除位于刘某家与李某家之间通道上的铁栅栏、洗手盆，并保证通道畅通。

### 特别提示

《民法典》同时规定，地役权的期限由双方当事人约定，但不得超过土地承包经营权、建设用地使用权等用益物权的剩余期限。土地所有权人享有地役权或者负担地役权的，设立土地承包经营权、宅基地使用权等用益物权时，该用益物权人继续享有或者负担已经设立的地役权。土地上已经设立土地承包经营权、建设用地使用权、宅基地使用权等用益物权的，未经用益物权人同意，土地所有权人不得设立地役权。地役权不得单独转让。土地承包经营权、建设用地使用权等转让的，地役权一并转让，但是合同另有约定的除外。地役权不得单独抵押。土地经营权、建设用地使用权等抵押的，在实现抵押权时，地役权一并转让。

另，地役权不同于相邻关系，相邻关系指不动产的相邻各方因行使所有权或者用益物权而发生的权利义务关系，即不动产权利人一定要借助相邻不动产才能对自己的不动产正常使用。相邻关系是所有权的延伸，是基于法律规定而直接产生的权利。而地役权是存在于他人不动产之上的物权，是地役权人利用他人不动产以提高自己不动产的效益。地役权是根据供役地人和需役地人之间的约定而产生。

## 案例35. 单独抵押乡镇、村企业的建设用地使用权的，该抵押无效

### 案情回放

2000年12月，某养殖场因经营需要向银行贷款20万元，双方签订《借款合同》，约定贷款期限为一年。同日，某养殖场与某银行签订《抵押合同》，约定以其坐落于某乡某村使用面积为1770平方米的建设用地土地使用权作为抵押物，为贷款20万元做抵押。后经某银行多次催告，某养殖场一直未偿还贷款。现该银行向法院起诉，要求某养殖场归还借款和利息，并请求就抵押物享有优先受偿权。

### 快问快答

问：某养殖场和某银行关于土地使用权的抵押约定是否有效？
答：抵押约定无效。

### 法律依据

《民法典》第三百九十八条　乡镇、村企业的建设用地使用权不得单独抵押。以乡镇、村企业的厂房等建筑物抵押的，其占用范围内的建设用地使用权一并抵押。

### 专家释法

本案中，某养殖场与某银行签订的《抵押合同》与《借款合同》同日签订，且某养殖场和某银行均认可该《抵押合同》的内容是为借款提供的担保，但该担保未办理抵押登记。上述《抵押合同》中，涉及的土地为集体建设用地，根据《民法典》规定，乡镇、村企业的建设用地使用权不得单独抵押。因此，某养殖场坐落于某乡某村使用面积为1770平方米的建设用地使用权不得抵押，双方对此形成的《抵押合同》约定无效。

### 特别提示

根据《民法典》该条规定，以乡镇、村企业的厂房等建筑物抵押的，其占用范围内的建设用地使用权一并抵押。因此，乡镇、村企业的建设用地使用权应随其地上厂房等建筑物一并抵押，但实现抵押权后，未经法律规定的程序，不得改变土地所有权的性质和土地的用途，该土地仍属于农村集体所有。

## 案例 36. 处于抵押期间的财产可以转让吗？

### 案情回放

王某因资金周转需要向银行贷款200万元，为此，其把自己的房屋抵押给银行，并办理了抵押登记。抵押期间，王某将该房屋出售给孙某。

### 快问快答

问：王某出售该房屋的行为是否有效？

答：如王某和银行未约定抵押期间不得转让抵押房屋，王某出售该房屋的行为有效。

### 法律依据

《民法典》第四百零六条　抵押期间，抵押人可以转让抵押财产。当事人另有约定的，按照其约定。抵押财产转让的，抵押权不受影响。

抵押人转让抵押财产的，应当及时通知抵押权人。抵押权人能够证明抵押财产转让可能损害抵押权的，可以请求抵押人将转让所得的价款向抵押权人提前清偿债务或者提存。转让的价款超过债权数额的部分归抵押人所有，不足部分由债务人清偿。

**专家释法**

根据《民法典》规定，抵押期间，抵押人可以转让抵押财产。如当事人另有约定的，按其约定。据此，如王某与银行之间没有约定抵押期间不得转让抵押财产的话，王某转让其抵押房屋的行为是有效的，但王某在转让后应及时通知银行。如果银行有证据证明王某转让抵押房屋的行为对其抵押权有损害，可以请求王某就该房屋转让价款提前清偿贷款或者向第三人提存。转让房屋的价款不足以清偿贷款的，王某应继续承担清偿责任。

**特别提示**

《民法典》明确规定了在当事人未明确约定的情况下，抵押人可以转让抵押财产，而无须经抵押权人同意。较之之前的法律规定，《民法典》在抵押人处置抵押财产时给予一定的自由，但从抵押权人的角度，抵押人转让抵押财产会增加其抵押权无法保障的风险。

## 案例 37. 既抵押又出质的汽车变卖后清偿顺序分先后

**案情回放**

林某向韩某借款 50 万元，并向韩某出具借据一份；基于该借款，林某将其名下的一辆小汽车抵押给韩某，签订抵押合同后，双方办理了抵押登记。之后林某又向李某借款 30 万元，并于借款当日将上述小汽车出质给李某，李某将小汽车开走。现林某向韩某和李某所借款项已到期，但林某并未按约定时间还款，韩某和李某均要求林某用小汽车变卖后的价款清偿欠款。

**快问快答**

问：林某小汽车变卖后的价款应如何偿还借款？是否有先后顺序？

答：应优先偿还韩某的借款。

### 法律依据

《民法典》第四百一十五条　同一财产既设立抵押权又设立质权的,拍卖、变卖该财产所得的价款按照登记、交付的时间先后确定清偿顺序。

### 专家释法

小汽车属于动产,根据法律规定,动产上可以设定抵押权,也可以设定质权。《民法典》规定,以动产抵押的,抵押权自抵押合同生效时设立;未经登记,不得对抗善意第三人。质权自出质人交付质押财产时设立。上述案例中,韩某的抵押权进行了登记,具有对抗第三人的效力;李某的质权自小汽车交付时即设立。两种权利均具备法律规定的公示效力,小汽车抵押权登记的时间在先,质权交付的时间在后,根据法律规定,林某变卖小汽车的价款应优先偿还韩某的借款。

### 特别提示

本条为新增条文,明确规定了同一财产上既设立抵押权又设立质权时的清偿顺序,但需要特别注意的是,上述案例中,如抵押权没有登记,则虽然抵押权设立在先,但因其不具有公示效力,不得对抗善意第三人,交付设立的质权虽然在后,但仍可以优先于没有登记的抵押权受偿。因此,为有效保护动产抵押权人的权益,发生动产抵押时,权利人应及时办理抵押权登记。

## 案例38. 不能对建设用地使用权抵押的新建房屋要求优先受偿

### 案情回放

某建筑公司因流动资金不足向某银行申请贷款。2015年8月,双方签订《借款合同》,约定某建筑公司向某银行借款2000万元,借款期限为3年。同日,某银行与某地产公司签订《抵押合同》,约定由某地产公司提供位于某市的土地使用权进行抵押担保,并办理了抵押登记手续,某银行取得该土地的他项权利证明书。2016年,某地产公司在该抵押土地上建造房屋。后某建筑公司未按合同约定按时足额支付利息和归还借款本金。2019年5月,某银行提起诉讼，要求某建筑公司还本付息，并要求对某地产公司提供抵押担保的土地使用权及新增地上房屋处置的价款享有优先受偿权。

### 快问快答

问：法院是否支持某银行的诉求？

答：某银行就抵押担保的土地使用权处置的价款享有优先受偿权，但对该土地上的新增房屋处置的价款不享有优先受偿的权利。

### 法律依据

《民法典》第四百一十七条　建设用地使用权抵押后，该土地上新增的建筑物不属于抵押财产。该建设用地使用权实现抵押权时，应当将该土地上新增的建筑物与建设用地使用权一并处分。但是，新增建筑物所得的价款，抵押权人无权优先受偿。

### 专家释法

某银行与某地产公司签订的《抵押合同》是双方真实的意思表示，合法有效，且该抵押办理了登记手续，某银行已取得他项权利证书，抵押权已设立。在某建筑公司无法按合同约定还本付息的情况下，某银行有权要求实现抵押权，并对处置抵押土地使用权所获得的价款享有优先受偿权。根据法律规定，建设用地使用权实现抵押权时，应当将该土地抵押后新增的建筑物与建设用地使用权一并处分，但该土地上新增的建筑物不属于抵押财产，因此，某银行无权要求对处置新增建筑物所得的价款优先受偿。

### 特别提示

需要注意区分的是，《民法典》同时规定，以建筑物抵押的，该建筑物占用范围内的建设用地使用权一并抵押；以建设用地使用权抵押的，该土地上的建筑物一并抵押。抵押人未依据前款规定一并抵押的，未抵押的财产视为一并抵押。基于此，如建设用地使用权抵押时，该土地上已存在建筑物，则该建筑物应一并抵押。

### 案例 39. 抵押权行使有时限，一旦超期法律不保护

**案情回放**

2004 年 12 月 21 日，王某向张某借款二万元，借款期限为三个月，熊某用其名下房屋为该笔借款办理了抵押登记，抵押的权利价值为二万元，抵押期限至 2005 年 3 月 21 日。2006 年 9 月 13 日，王某就前述借款重新出具借条，王某仍以熊某房屋做抵押，并与张某约定借款至 2007 年 9 月 13 日到期，熊某在担保人处签字。2008 年至 2017 年期间，王某就前述欠款向张某重新出具了多份借条，但这些借条中均未有熊某签字。2017 年 6 月 19 日，王某就前述借款向张某出具了一份书面承诺，约定最晚于 2018 年 12 月底前向张某还本付息。2019 年，王某仍未还款，张某将王某诉至法院，要求王某还本付息，并要求对熊某抵押房屋行使优先受偿权。

**快问快答**

问：张某是否可对熊某抵押房屋行使优先受偿权呢？

答：因超过诉讼时效，张某的请求将不被法院支持。

**法律依据**

《民法典》第四百一十九条　抵押权人应当在主债权诉讼时效期间行使抵押权；未行使的，人民法院不予保护。

**专家释法**

抵押权作为担保物权的一种，是指债权人对于债务人或者第三人不移转占有而提供担保的财产，在债务人不履行债务时，依法享有的就担保的财产变价并优先受偿的权利。抵押权的受保护期间与其担保的主债权诉讼时效期间是一致的，主债权诉讼时效未届满的，抵押权即一直存续。本案中，熊某于 2004 年 12 月 21 日为王某的借款提供了抵押担保，抵押期限至 2005 年 3 月 21 日，在 2006 年 9 月 13 日借条中张某与王某将借款期限延长至 2007 年 9 月 13 日，熊某仍以其房屋做担保且在担保人处签字。但后续王某多次出具借条并变更还款期限，就张某与王某之间的借款合同而言，借款期限作

## 第二编 物　权

为主要条款发生多次变更,但该些变更并未取得熊某同意。张某行使抵押权的期限应为 2006 年 9 月 13 日借条约定的借款期限届满之日(即 2007 年 9 月 13 日)起二年(注:此处适用《民法通则》二年诉讼时效的规定),即张某应在 2009 年 9 月 13 日之前向熊某主张抵押权,张某未在该期限内行使抵押权,其要求对熊某抵押的房屋具有优先受偿权的诉讼请求将不会被法院支持。

### 💡 特别提示

《民法典》第一百八十八条规定,向人民法院请求保护民事权利的诉讼时效期间为三年。法律另有规定的,依照其规定。因此,权利人应在法律规定的诉讼时效期间内及时主张权益,诉讼时效期间届满后再向人民法院请求保护民事权利的,义务人可以提出不履行义务的抗辩。

## 案例 40. 到期不还债,质押财产可以归质权人所有吗?

### 🎥 案情回放

2016 年 10 月 20 日,邓某向曹某借款,并出具借据,内容为:"兹借到曹某八万元,借期一个月,于 2016 年 11 月 20 日还款,邓某自愿将其自有的丰田车做抵押,到期不还就以该车抵作八万元作价偿还。"当日,邓某将该丰田车交付给曹某让其开走。还款期限到期后,邓某并未按约定向曹某归还借款,曹某根据邓某出具的借据,要求邓某协助办理该丰田车的过户手续。邓某觉得该丰田车买的时候花了 18 万元,现在抵作八万元太亏了。于是,向法院起诉曹某要求其返还该丰田车。

### 🔊 快问快答

问:邓某是否有权要求曹某返还该丰田车?

答:不能,应依法将该丰田车折价、拍卖或变卖,以实现曹某享有的质权。

### 🧑‍⚖️ 法律依据

《民法典》第四百二十八条　质权人在债务履行期限届满前,与出质人约定债务人不履行到期债务时质押财产归债权人所有的,只能依法就质押财产优先受偿。

### 专家释法

上述案例中,虽然邓某出具的借据写明其自愿将自有丰田车做抵押,但结合该车辆已发生财产的转移,由出借人(债权人)曹某实际占有,其性质应为质押。虽然邓某与曹某约定了到期不还款时以该丰田车作价八万元偿还,但根据《民法典》规定,曹某并不能直接取得该丰田车的所有权,而应根据法律规定就质押财产折价、拍卖或变卖后,以质押财产所得的价款优先受偿。该价款超过债权数额的部分归出质人所有,不足部分由债务人清偿。本案中,邓某主张其车辆价款为18万元,如车辆折价、拍卖或变卖后的价款超过借款的,超出部分归邓某所有;如该价款不足清偿借款的,邓某应继续清偿。

### 特别提示

《民法典》的该条规定区别于之前《物权法》关于"质权人在债务履行期届满前,不得与出质人约定债务人不履行到期债务时质押财产归债权人所有"的规定,《物权法》仅规定了当事人不得有该行为,但并没有规定如发生该行为时其效力如何界定。此次《民法典》对该种行为的效力进行了明确,如发生质权人与出质人约定不履行到期债务,质押财产归债权人所有的情形时,虽然质押财产的所有权不转移至质权人,但质权人可以依据法律规定就质押财产所获得的价款实现质权,从而有效维护自己的权益。

另,抵押的财产既可以是不动产,也可以是动产。抵押权无须转移抵押财产的占有,抵押权设定后,抵押人仍可以享有对抵押财产的占有、使用、收益和处分的权利。质押的财产包括动产和权利。质押需要转移质押财产,由质权人占有并保管质押财产。质押自出质人交付质押财产时设立,质权人未转移质押财产的,质押无效。

# 第二编 物 权

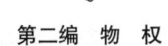

## 案例 41. 不相关的动产能留置吗？

**案情回放**

2017 年 9 月，卢某与蒋某签订《挖掘机租赁合同》，租赁合同约定，卢某将其享有所有权的挖掘机出租给蒋某使用。租赁合同签订后，蒋某将挖掘机运至某矿山进行作业。2018 年 4 月，杨某与蒋某因矿山的事情发生纠纷，将蒋某租赁的挖掘机扣押。事情发生后，卢某多次要求杨某返还挖掘机，但杨某以其与蒋某的纠纷尚未解决为由不予返还。现卢某将杨某诉至法院，要求杨某返还其挖掘机。

**快问快答**

问：卢某是否可以要求杨某返还其挖掘机？

答：卢某有权要求杨某返还其挖掘机。

**法律依据**

《民法典》第四百四十八条　债权人留置的动产，应当与债权属于同一法律关系，但是企业之间留置的除外。

**专家释法**

《民法典》规定，债务人不履行到期债务，债权人可以留置已经合法占有的债务人的动产，并有权就该动产优先受偿。本案中，卢某和杨某之间并不存在纠纷，也不存在到期需要履行的债务。杨某因与蒋某之间的纠纷而扣押归卢某所有的挖掘机，不符合法律规定的留置权特征。《民法典》同时规定，私人的合法财产受法律保护，禁止任何组织或者个人侵占、哄抢、破坏。杨某占有卢某的挖掘机没有法律依据，属于无权占有，应当返还。

杨某如欲行使留置权，保护其债权，则应留置其已经合法占有的蒋某的动产。而对于留置财产，留置权人应负有妥善保管的义务，如因保管不善发生留置财产毁损、灭失的，留置权人应承担赔偿责任。

**特别提示**

一般主体之间行使留置权应当与债权属于同一法律关系，但企业之间行使留置权时，不受必须是"同一法律关系"的限制。如A公司委托B公司进行货物运输，A公司有欠缴B公司运费的行为。B公司接受C公司的委托将一批货物运至A公司，为了实现其向A公司催要运费的目的，B公司对该批货物进行留置，要求A公司支付所欠货款后方肯交货。虽然B公司承运的该批货物与A公司欠付的运费并不属于同一法律关系，但根据《民法典》本条规定，B公司可以行使留置权。

另，留置权人有权收取留置财产的孳息，该孳息应当先冲抵收取孳息的费用；冲抵后有剩余的，可就债权所产生的利息进行冲抵；再有剩余的，冲抵原债权。

# 第三编

## 合 同

# 内容概要

《合同编》调整的范围为因合同产生的民事关系。本编共三个分编，29章，主要包括通则、典型合同、准合同。通则从一般规定，合同的订立、效力、履行、保全、变更和转让，权利义务终止及违约责任等方面进行了修订和完善。典型合同中共19类，在原来15类合同基础上，增加了保证合同、保理合同、物业服务合同和合伙合同的规定。将无因管理和不当得利归为准合同范围。

日常生活中，人们会碰到各种各样的问题，涉及的法律关系也方方面面。随着现在互联网的发展，线上购物、交流等已成为人们不可或缺的生活方式。无论是线上线下，不同的事项都会涉及不同的权利义务和责任，发生纠纷在所难免。如何在各种事项中有效维护权益已变得十分重要。而对现行的法律法规的规定有基本的了解和掌握，则有利于人们在日常生活和交往中结合法律作出有利于自己的判断和决定。本次《民法典》《合同编》在原《合同法》基础上，结合其他法律，如《电子商务法》和其司法解释等的规定，将涉及合同相关的规定进行了全方位的修订和整合。

在合同订立方面，**增加**了以电子数据交换、电子邮件等方式订立合同的表述，认可其书面效力。商业广告和宣传的内容如果符合要约条件的，构成要约，相对人一经承诺，要约对作出商业广告和

## 第三编 合　同

宣传的一方具有法律约束力。关于合同的成立，除了签字、盖章外，按指印具有跟签字盖章相同的效力，按指印时合同成立。当事人采用合同书形式订立合同的，最后签名、盖章或者按指印的地点为合同成立的地点。该规定避免了当事人在实践中未明确约定时发生纠纷的管辖适用问题。

互联网时代，网上交易已成人们生活中交易的常态，用手机或电脑下单买东西已成为人们经常使用的购物方式。本编**明确**规定，通过互联网购买商品时合同成立的条件，除当事人另有约定外，选择该商品或者服务并提交订单成功时合同成立。

关于格式条款，与对方有重大利害关系的条款一定要采取合理提示的方式，未提示或者说明的，对方可以主张该条款不成为合同的内容。提供格式条款的一方不合理地免除或者减轻其责任、加重对方责任、限制对方主要权利的，该格式条款无效。**增加**国家根据抢险救灾、疫情防控需要下达国家订货任务、指令性任务时相关主体配合订立合同的义务。当事人在订立合同的过程中，除知悉的商业秘密不得泄露或者不正当使用外，增加对其他应当保密的信息亦不得泄露或者不正当使用的规定。

关于合同的效力，增加未办理批准等手续影响合同生效的，不影响合同中履行报批等义务条款以及相关条款的效力等规定。

关于合同的履行，对当事人在履行合同过程中，应避免浪费资源、污染环境和破坏生态做了明确规定。对于产品质量的标准，没有约定的，依次按照不同层次的标准履行，在实践中更具有可操作性。

关于债权债务，对难以确定份额的情况，规定视为份额相同，该章节新增按份之债、连带之债的相关规定。

关于合同变更和转让，对合理期限的通知义务、解除合同的时间点如何确定等做了明确规定，实际支付定金金额与合同约定不一致的，不影响定金合同的效力，定金以实际支付的金额为准。

发生违约时，既约定违约金，又约定定金的，之前的规定是二选一；现在增加定金不足以弥补损失时，可以请求赔偿超过定金金额的损失。

典型合同中，对社会热点现象做了规定，如客运合同针对现在频频发生的"霸座"现象进行了明确的约束，即旅客需要按时间、班次和座位号乘坐，还增加了悬赏广告支付报酬的规则等。房屋交易过程中委托人"跳单"需要支付报酬。保管合同中，关于购物、就餐、住宿等情况下寄存物品时，除约定或另有交易习惯外，属于保管合同的范畴，相关权利义务依保管合同的规定履行。分期付款的买卖合同中，如出卖人在买受人未支付到期价款的数额达到全部价款的五分之一时，请求买受人支付全部价款或者解除合同的，需要先履行催告程序并预留合理的期限。借款合同中，**明确**规定禁止高利放贷，借款的利率不得违反国家相关规定。保证合同中，当事人在保证合同中对保证方式没有约定或者约定不明确的，按照一般保证承担保证责任，该规定较《担保法》要求承担连带保证责任的规定更为合理。第三方单方以书面形式向债权人作出保证，债权人接收且未提出异议的，保证合同成立。租赁合同中，出租人未通知承租人或者有其他妨害承租人行使优先购买权的情形的，出租人与

## 第三编 合 同

第三人订立的房屋买卖合同的效力不受影响，但承租人可以请求出租人承担赔偿责任，但出租人卖给房屋按份共有人或者近亲属的除外。建设工程合同中，建设工程施工合同无效，但是建设工程经验收合格的，可以参照合同关于工程价款的约定折价补偿承包人。而关于合同无效，建设工程验收不合格的情况也规定了具体处理原则。**新增**的物业服务合同对于业主与物业管理方的权利义务进行了明确的规定，从法律层面更好地保护了业主的权益。**新增**的合伙合同使人们在处理合伙合同纠纷时有法可依，减少了不必要的纠纷。

同时，《准合同编》中，将无因管理和不当得利方面的内容进行了详细规定。

## 案例 42. 以未签订书面合同为由拒绝支付货款，合理吗？

**案情回放**

2018 年，某天然气公司和某纯能源公司达成口头协议，由某天然气公司购买某纯能源公司的液化天然气，双方口头约定按照先预付货款，后送货的方式进行，即某纯能源公司收到货款后才安排车辆将液化天然气运送至某天然气公司方指定的地点。从 2018 年 3 月至 5 月，某天然气公司共向某纯能源公司预付了货款 336 万元。截至 2018 年 12 月，某纯能源公司尚欠某天然气公司 29 万元的液化天然气。某天然气公司多次催要货物，但某纯能源公司一直未送。2020 年 1 月，某天然气公司起诉至法院，要求某纯能源公司返还未供货款 29 万元。

**快问快答**

问：如某纯能源公司以双方并未签订书面合同为由拒绝返还该笔货款，该理由能否被法院支持？

答：不会被法院支持。

**法律依据**

《民法典》第四百六十九条　当事人订立合同，可以采用书面形式、口头形式或者其他形式。

书面形式是合同书、信件、电报、电传、传真等可以有形地表现所载内容的形式。

以电子数据交换、电子邮件等方式能够有形地表现所载内容，并可以随时调取查用的数据电文，视为书面形式。

**专家释法**

根据法律规定，当事人订立合同的形式可以是书面的，也可以是口头的，或者是其他形式。口头合同经依法成立后，对双方当事人均具有约束力。双方当事人应按约定履行合同。本案中，某天然气公司和某纯能源公司根据交易习惯达成口头协议，约定先预付货款，后送货。该约定是双方真实的意思表示，且双方在其经营范围内从事天然气经营活动符合法律、行政法规的规定，双方之间的口头合同成立且有效。合同成立后，某天然气公司向某纯能源公司预付货款，某纯能源公司也向某天然气公司陆续运送了货物，但目前尚欠 29 万元的货物未送。根据双方合同约定，某纯能源公司应当如数向某天然气公司运送货物，但其并没有如数履行运送货物的义务，应当向某天然气公司退还尚未运送货物对应的款项 29 万元。其如以双方未签订书面合同为由拒绝退还，不符合法律规定，亦不会获得法院支持。

### 特别提示

现实生活中，并不是所有的事项都能及时签署书面合同，人们很容易通过谈话、电话交流等方式就某些事项达成一致，并据此履行。虽然口头协议与书面协议同属法律认可的方式，但如涉及相对比较复杂或容易引起争议的事项，建议仍使用书面形式订立合同，避免发生纠纷后，口述无凭，因取证困难而造成维权艰难的情形。

另外，根据《民法典》新增规定，通过电子邮件、电子数据交换等有形形式达成合意，且随时能调取查用的数据电文，亦被认定为以书面形式订立合同。

## 案例 43. 开发商的广告宣传可以想说啥，就说啥吗？

### 案情回放

2011 年 11 月起，某房地产公司刊登售房广告，主要内容为"首付款八万元，加送八平方米入户花园，提前入住小区"。2016 年 11 月，贾某与该房地产公司签订了《商品房买卖合同》，并一次性支付商品房全部价款。贾某领取房产证后，经测绘公司测量，发现八平方米入户花园按实际建筑面积计入产权房屋面积，贾某支付给某房地产公司的房款已包含这八平方米。于是，贾某向法院起诉，要求某房地产公司退还八平方米面积的购房款，并支付利息。

### 快问快答

问：贾某是否有权要求某房地产公司退还入户花园所对应的八平方米面积购房款，并支付利息？

答：贾某有权要求某房地产公司退还这部分购房款，并支付利息。

### 法律依据

**《民法典》第四百七十三条** 要约邀请是希望他人向自己发出要约的表示。拍卖公告、招标公告、招股说明书、债券募集办法、基金招募说明书、商业广告和宣传、寄送的价目表等为要约邀请。

商业广告和宣传的内容符合要约条件的，构成要约。

### 专家释法

本案中，某房地产公司刊登了"首付八万，加送八平方米入户花园，提前入住小区"的广告，其性质符合要约的条件。该广告内容没有明确终止时间，贾某受该广告内容影响，确定购房意愿并与某房地产公司签订了《商品房买卖合同》，属于对某房地产公司广告内容要约的承诺，虽然双方签署的《商品房买卖合同》中对广告内容并未明确约定，但该广告内容对合同签署双方均具有法律约束力，某房地产公司应当履行其"送八平方米入户花园"的义务。现贾某所购房屋的入户花园被计入总面积，且贾某已支付了该部分对应的购房款，某房地产公司应当返还该部分对应的购房款及利息。

### 特别提示

要约是希望与他人订立合同的意思表示，一经生效即受法律约束。而要约邀请是希望他人向自己发出要约的表示，不具有约束力。只有具备要约条件时才构成要约。在实践中，并不是所有的购房广告、商业广告和宣传的内容都属于要约，需要具体分析，如需要对方履行广告和宣传的内容，则建议将具体内容明确约定并写入合同中，以有效维护权利。

## 第三编 合 同

### 案例 44. 合同签署分先后，管辖法院大不同

**案情回放**

2016 年 5 月，A 市 B 区某建筑公司与 A 市 C 区某咨询公司签订了《委托合同》，某建筑公司签字盖章后将合同邮寄给某咨询公司，某咨询公司在其住所地 A 市 C 区签字盖章。该合同约定，如因本合同发生纠纷，双方应协商解决，协商不成的，由合同签订地人民法院管辖。合同中并未明确写明合同签订地。后双方在履行合同过程中发生纠纷，经多次协商未果，某建筑公司以委托合同纠纷为由将某咨询公司诉至 A 市 B 区人民法院。某咨询公司向 A 市 B 区法院提出管辖权异议，要求将该案移送至合同签订地 A 市 C 区人民法院处理。

**快问快答**

问：本案应由哪个法院管辖？

答：由合同最后一方签署地 A 市 C 区人民法院管辖。

**法律依据**

《民法典》第四百九十三条　当事人采用合同书形式订立合同的，最后签名、盖章或者按指印的地点为合同成立的地点，但是当事人另有约定的除外。

**专家释法**

《民事诉讼法》规定，合同或者其他财产权益纠纷的当事人可以书面协议选择被告住所地、合同履行地、合同签订地、原告住所地、标的物所在地等与争议有实际联系的地点的人民法院管辖，本案属于委托合同纠纷，约定合同签订地管辖不违反法律对管辖的规定。根据《民法典》规定，本案《委托合同》最后签署方为某咨询公司，该公司签署地为 A 市 C 区，故该委托合同签订地应为 A 市 C 区人民法院。A 市 B 区人民法院应将案件移送至 A 市 C 区人民法院处理。

### 特别提示

上述案例中，若双方当事人在合同中对合同签订地有具体明确的约定，如合同签订地为某市某区，则无论最后一方签署方在何地，合同签订地均以合同中约定的地点为准。另，随着现在合同形式的多样化，书面合同除合同书之外，还有信件、电子邮件、电子合同等不同形式，《民法典》对不同形式的合同成立及合同成立的地点做了比较详尽的规定，实践中需要结合具体情况做分析判断。

## 案例45. 买房时，事先不说的"霸王条款"，买家可以拒绝接受

### 案情回放

2017年5月，买受人黄某与出卖人某置业公司就购买某置业公司开发的房屋签订《商品房买卖合同》及补充协议，合同及补充协议版本均为某置业公司为重复使用而预先拟定的格式版本。合同约定该房屋于2019年6月30日交付，同时也约定了出卖人逾期交房的违约责任，即买受人可根据逾期时间长短选择履行合同或者解除合同，合同继续履行的，逾期不超过60日的，出卖人每日按已交付房价款万分之一向买受人支付违约金；逾期超过60日的，出卖人每日按已交付房价款万分之二向买受人支付违约金。补充协议对《商品房买卖合同》有关出卖人逾期交房的违约责任内容进行了变更：无论出卖人逾期交付超过多少日，买受人均选择继续履行合同，出卖人每日按已交付房价款万分之一向买受人支付违约金。合同签订后，黄某向某置业公司支付了全部购房款。后某置业公司实际于2019年10月18日交房。就延期交房支付违约金事宜，黄某主张按合同中约定的万分之二标准支付，但某置业公司认为应按补充协议中约定的万分之一标准支付。双方多次协商未果，黄某就此向法院提起诉讼。

第三编 合 同

### 快问快答

问：黄某要求以合同中约定的万分之二标准支付违约金的诉求能否被法院支持？

答：可以被法院支持。

### 法律依据

**《民法典》第四百九十六条** 格式条款是当事人为了重复使用而预先拟定，并在订立合同时未与对方协商的条款。

采用格式条款订立合同的，提供格式条款的一方应当遵循公平原则确定当事人之间的权利和义务，并采取合理的方式提示对方注意免除或者减轻其责任等与对方有重大利害关系的条款，按照对方的要求，对该条款予以说明。提供格式条款的一方未履行提示或者说明义务，致使对方没有注意或者理解与其有重大利害关系的条款的，对方可以主张该条款不成为合同的内容。

### 专家释法

本案中，黄某和某置业公司签署的合同和补充协议均为某置业公司提供的版本，该版本是某置业公司为买卖该项目房屋而预先拟定的重复使用的版本。其与黄某签订合同时，并未与黄某就合同条款进行协商，亦未提示黄某注意相关条款，尤其是涉及黄某实际利益的条款。上述补充协议中关于"无论逾期多少日交房合同继续履行，且出卖人仅按万分之一标准支付违约金"的约定，与《商品房买卖合同》中对应逾期交房违约责任的约定相比，明显减轻了出卖人的责任，且某置业公司在双方签署合同时，也未就该条变更向黄某进行提示和说明。现双方对适用哪一条款产生异议，根据《民法典》规定，对格式条款有两种以上解释的，应当作出不利于提供格式条款一方的解释。因此，某置业公司应根据合同中"逾期交房按万分之二标准向买受人支付违约金"的约定向黄某支付违约金。

### 特别提示

之前的《合同法》规定，格式条款提供方应采取合理方式提请对方注意免除或限制其责任的条款，《民法典》对此做了修改，将"提请对方注意免除或限制其责任的条款"修改为"提示对方注意免除或减轻其责任等与对方有重大利害关系的条款"。而如这些条款未经提供格式条款的一方提示或说明的，对方当事人可以根据《民法典》规定，直接主张该条款不成为合同的内容。

## 案例 46. 一定要分清，有的代理行为，沉默就是承认

### 案情回放

2013 年 7 月，余某在市区购物中心购买商铺，并与 A 公司签订《委托经营管理合同》，将所购买的商铺委托 A 公司经营管理。该商铺所在楼层的其他商铺也都委托 A 公司经营管理。A 公司接受委托后，统一规划布局，并将商铺对外出租。2017 年 10 月，A 公司退出，根据部分业主的意见由 B 公司接手该层商铺的经营管理权，并与商铺承租人重新签订租赁合同。B 公司在扣除相关费用后，将每月收取的租金、收益按相关比例分摊给包括余某在内的该层商铺业主。近日，余某以 B 公司未获其授权便与承租人就其商铺签订租赁合同为由，向法院起诉，要求 B 公司退出对其商铺的占有。

### 快问快答

问：余某的诉求是否会被法院支持？

答：不会被支持。

### 法律依据

《民法典》第五百零三条　无权代理人以被代理人的名义订立合同，被代理人已经开始履行合同义务或者接受相对人履行的，视为对合同的追认。

### 专家释法

余某对该商铺享有所有权，即享有对该商铺占有、使用、收益和处分的权利。其将商铺委托给 A 公司经营管理，A 公司退出后，虽然 B 公司接手该层商铺对外统一经营管理，但并不能当然认定 B 公司有权经营管理余某的

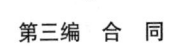

商铺。但本案中,虽然余某并未对 B 公司授权,但 B 公司将其商铺出租后,余某并未提出异议,且每月从 B 公司处领取相应的租金和收益。该行为可以认定为是对租赁合同的追认。在此情况下,余某要求 B 公司退出对其商铺的占有将无法获得法院支持。

### 特别提示

《民法典》同时规定,行为人没有代理权、超越代理权或者代理权终止后,仍然实施代理行为,未经被代理人追认的,对被代理人不发生效力。即发生无权代理行为时,如被代理人未追认该行为,则该行为不对被代理人发生效力。

## 案例 47. 装修是个技术活儿,质量约定要明确

### 案情回放

2018 年 1 月,叶某与装修公司签订《住宅装饰装修施工合同》,约定装修公司对叶某房屋装修工程进行承包,装修公司包工包料。合同签订后,各自按合同约定履行了相应义务。2018 年 7 月,叶某与家具定制公司签订《全屋定制产品订购单》,约定家具定制公司在现有装修墙面基础上安装木饰面。叶某支付家具款,家具定制公司也履行了相应合同义务。2019 年 3 月,上述房屋内多处木饰面出现大量破损,材料发霉变质,面板之间出现大量裂缝等严重的质量问题。叶某联系装修公司和家具定制公司,要求二者就这些质量问题进行解决。但两公司互相推诿,拒绝承担责任。于是,叶某将两公司诉至法院,要求其赔偿因上述质量问题造成的损失。经鉴定,家具定制公司所交付的工作成果存在质量问题,应对叶某的损失承担赔偿责任。但是,装修公司所交付的工作成果未发现存在质量问题,且叶某未提供相应证据证明。

### 快问快答

问:对于叶某要求装修公司赔偿损失的诉求,法院会支持吗?

答:法院不予支持。

### 法律依据

《民法典》第五百一十一条　当事人就有关合同内容约定不明确，依据前条规定仍不能确定的，适用下列规定：

（一）质量要求不明确的，按照强制性国家标准履行；没有强制性国家标准的，按照推荐性国家标准履行；没有推荐性国家标准的，按照行业标准履行；没有国家标准、行业标准的，按照通常标准或者符合合同目的的特定标准履行。

……

### 专家释法

本案中，叶某与装修公司、家具定制公司签订的合同中均未对质量要求做明确约定，叶某在诉讼中申请鉴定，经鉴定后得出结论：家具定制公司负责的内容多处不符合相关国家标准及行业标准的要求，提供的材料也存在质量问题。结合定制家具的损坏程度，法院最终酌情判令家具定制公司赔偿叶某部分损失，装修公司不承担责任。

### 特别提示

当事人就质量要求约定不明确的，较之于《合同法》"按照国家标准、行业标准履行；没有国家标准、行业标准的，按照通常标准或者符合合同目的的特定标准履行"的规定，《民法典》进行了更详细的规定，即发生质量要求不明确的情形，相关履行标准有依次顺序：强制性国家标准、推荐性国家标准、行业标准、通常标准或符合合同目的的特定标准的顺序。只有在前顺序的标准不存在时，方能依次适用后一个标准。如没有强制性国家标准，但同时有推荐性国家标准和行业标准，则应按推荐性国家标准履行。

## 案例48.按份债务，各还各的

### 案情回放

2017年12月，侯某、孙某因急需用钱向姚某借款10万元，并出具借条一份，借条写明还款期限为 2020 年 2 月 29 日。还款期限届满后，2020 年 3 月 1 日晚姚某在催要借款时双方发生纠纷，并拨打 110 报警。当日，孙某向姚某重新出具欠条一份，载明"2017 年 12 月 4 日，孙某和侯某共同借款姚某现金 10 万元整，其中，孙某承担五万元欠款。现承诺 2020 年 3 月 6 日还清"。侯某于 2020 年 3 月 2 日向姚某重新出具欠条一份，载明"2017 年 12 月 4 日，侯某与孙某借姚某现金 10 万元整，现侯某愿承担五万元借款，承诺 3 月 18 日前归还完毕"。2020 年 3 月 10 日，孙某向姚某还款五万元，姚某向孙某出具收条，写明其收到孙某还款五万元。侯某到期未还款，2020 年 4 月，姚某向法院起诉，要求孙某、侯某偿还其借款五万元。

### 快问快答

问：姚某的诉求是否会被法院支持？

答：不会全部支持，姚某剩余五万元的借款应由侯某偿还。

### 法律依据

《民法典》第五百一十七条　债权人为二人以上，标的可分，按照份额各自享有债权的，为按份债权；债务人为二人以上，标的可分，按照份额各自负担债务的，为按份债务。

按份债权人或者按份债务人的份额难以确定的，视为份额相同。

### 专家释法

姚某和孙某、侯某之间为民间借贷关系，姚某为债权人，孙某和侯某为共同债务人。姚某在催款过程中，孙某和侯某分别向其重新出具借条，承诺各自还款五万元。该重新出具借条的行为属于债务人对借款债务的重新分配，且作为债权人的姚某并未对此提出异议，后孙某还款时，姚某向其出具收条，这些行为均表明姚某同意孙某、侯某之间的债务重新分配。基于此，本案中的债务属于按份债务。孙某已偿还完毕其应偿还的份额，剩余五万元借款应由侯某偿还。

> **特别提示**

按份之债中，按份债权人或者按份债务人的份额难以确定的，视为份额相同。按份债权人或按份债务人依各自份额享有债权，负担债务。区别于按份之债，在连带之债中，债权人可以请求部分或者全部债务人履行全部债务。实际承担债务超过自己份额的连带债务人，有权就超出部分在其他连带债务人未履行的份额范围内向其追偿，并相应地享有债权人的权利，但是不得损害债权人的利益。其他连带债务人对债权人的抗辩，可以向该债务人主张。被追偿的连带债务人不能履行其应分担份额的，其他连带债务人应当在相应范围内按比例分担。

## 案例49. 原法定代表人在职期间的职务行为，公司必须承责

### 案情回放

王某为某公司法定代表人，自2018年12月起，其在魏某处多次购买矿石，并由魏某将货物送到某公司处，某公司工作人员签收。截至2019年3月，魏某送到某公司的矿石金额为47万元。王某为此于2019年12月向魏某出具欠条一份，写明其欠魏某矿石款47万元，落款有王某签字。经工商资料显示，王某于2019年9月11日前担任某公司的法定代表人。2019年9月11日，某公司的法定代表人变更为李某。后魏某就该笔欠款联系某公司，要求某公司还款。但某公司提出王某出具欠条时已不是该公司法定代表人，其出具欠条的行为属个人行为，应由其个人承担还款责任，且王某出具的欠条上没有盖某公司公章，也没有某公司法定代表人签字，不应由其还款。现魏某就该笔矿石款向法院起诉，要求判令某公司立即支付所欠矿石款47万元及利息。

### 快问快答

问：魏某的诉求能否获得法院支持？

答：能被法院支持，某公司应支付魏某该笔矿石款及利息。

# 第三编 合 同

**法律依据**

《民法典》第五百三十二条 合同生效后,当事人不得因姓名、名称的变更或者法定代表人、负责人、承办人的变动而不履行合同义务。

**专家释法**

根据《民法典》规定,法定代表人以法人名义从事的民事活动,其法律后果由法人承受。王某在担任某公司法定代表人期间,为某公司经营需要向魏某购买矿石,应由某公司承担法律责任;魏某与某公司之间买卖合同关系成立,受法律保护,某公司不得因其法定代表人发生变动而不履行合同义务,虽然王某出具欠条的时候已不是某单位法定代表人,但该欠款确实为某公司经营需要而向魏某购买的矿石款,王某购买矿石的行为属职务行为,应由某公司承担付款义务。

**特别提示**

除上述案例中涉及的法律规定外,对于法人的法定代表人或者非法人组织的负责人超越权限订立的合同效力,《民法典》亦进行了明确规定,即除相对人知道或者应当知道其超越权限外,该代表行为有效,对应订立的合同对法人或者非法人组织发生效力。该规定有效保护了善意相对人的利益。

## 案例50. 有权不用过期作废,要格外注意买房合同中的解除权的约定

**案情回放**

2018年6月,杜某与某地产公司签订《商品房买卖合同(预售)》,合同约定杜某购买某地产公司开发的房屋。该合同约定,"出卖人应当在2018年9月20日前向买受人交付该商品房,逾期交付超过90日后,买受人有权解除合同。买受人解除合同的,应当书面通知出卖人。出现买受人可以解除合同的事由,而买受人未在发生该事由之日起30日内书面通知出卖人解除合同的,则视为买受人放弃了该解除权,买卖双方继续履行合同,出卖人按

本合同及补充协议的约定承担相应的责任"。合同签订后，杜某依约向某地产公司支付了全部购房款，但某地产公司未能如期交付房屋，并于2018年12月8日通过邮寄方式向杜某发出《延期交房通知书》，该通知书告知杜某："该项目将再次延期至2019年1月10日交付，具体交房日期以我公司向您发出的交房通知书为准。"杜某收执该通知书后未向某地产公司提出异议。后某地产公司仍未能于2019年1月10日向杜某交付涉案房屋，杜某为此于2019年11月5日将某地产公司诉至法院，请求法院判令解除其和某地产公司签订的《商品房买卖合同（预售）》。

### 快问快答

问：杜某的诉求是否会被法院支持？

答：因杜某行使解除权的期间已过，其要求解除合同的诉求不会被支持。

### 法律依据

《民法典》第五百六十四条　法律规定或者当事人约定解除权行使期限，期限届满当事人不行使的，该权利消灭。

法律没有规定或者当事人没有约定解除权行使期限，自解除权人知道或者应当知道解除事由之日起一年内不行使，或者经对方催告后在合理期限内不行使的，该权利消灭。

### 专家释法

根据杜某和某地产公司签订的合同约定，某地产公司应于2018年9月20日前交付房屋，但其到期并未交付；后向杜某发送迟延交付通知书，通知该房屋交付延至2019年1月10日，具体交房日期另行通知。杜某在收到该延期通知后，并未提出异议。基于此，可以认定双方就房屋交付时间达成了新的约定，即某地产公司应于2019年1月10日前交房，但之后，某地产公司并未如约交付房屋。根据合同约定，逾期超过90日后，买受人有权解除合同。合同同时约定，买受人可以解除合同的事由，而买受人未在发生该事由之日起30日内书面通知出卖人解除合同的，则视为买受人放弃了该解除权。

即杜某应在某地产公司逾期交付超过90日后的30日内（2019年5月9日前）行使解除权。然杜某并未在该期限内向某地产公司发出书面解除通知，视为其放弃该解除权。杜某于2019年11月5日向法院起诉时，其享有的解除权已消灭，该诉求无法获得法院支持。

**特别提示**

本案属于当事人就解除权的行使有约定的情形。需要特别注意的是，如果法律有规定或者当事人有约定，则一定要以规定或者约定的期限为准。另，《民法典》本条中涉及的解除权行使期限为不变期间，不适用中止、中断和延长的规定。

关于"法律没有规定或者当事人没有约定解除权行使期限"时解除权人行使解除权的期限，较之于之前《合同法》"经对方催告的合理期限"的规定，《民法典》增加了"自解除权人知道或应当知道解除事由之日起一年内"的规定。所以，就本案而言，在签订合同时，如购房者觉得合同中约定的解除权期限过短，可以与卖方就解除权的期限进行协商。从购房者的角度，解除权期限约定相对长一点儿更有利于自己维护权益，为行使解除权留下相对充足的时间。

## 案例51. 定金约定要明确，权利义务不一样

**案情回放**

2020年3月，李某（作为乙方）与董某（作为甲方）签订了《购房定金合同》，约定董某将其自有的一套房产以9.9万元的价格转让给李某，房屋定金一万元，定金于协议签订当天支付。《购房定金合同》同时约定，甲方收到定金后在双方签订房屋买卖合同前将房屋出售给他人，视为甲方违约，双倍返还定金；乙方拒绝签订房屋买卖合同的，无权要求甲方返还已收取的定金。《购房定金合同》上有双方签名。合同签订当日，李某向董某支付定金一万元。2020年5月，董某向李某表示不再出售此房屋，并拒绝返还双倍定金。

### 快问快答

问：李某是否有权要求董某双倍返还定金？

答：李某有权要求董某双倍返还定金。

### 法律依据

**《民法典》第五百八十六条** 当事人可以约定一方向对方给付定金作为债权的担保。定金合同自实际交付定金时成立。

定金的数额由当事人约定；但是，不得超过主合同标的额的百分之二十，超过部分不产生定金的效力。实际交付的定金数额多于或者少于约定数额的，视为变更约定的定金数额。

### 专家释法

李某和董某签订《购房定金合同》以交付定金作为双方签订房屋买卖合同的担保，符合法律规定；且签订定金合同当日，李某向董某支付了定金，该《购房定金合同》自实际交付定金时已成立。定金金额一万元亦未超过《民法典》规定的"主合同标的额的百分之二十"，合法有效。后因董某不再出售该房屋，致使双方未能签订房屋买卖合同，该行为违反了双方约定，董某已构成违约。根据《民法典》规定，收受定金的一方不履行债务或者履行债务不符合约定，致使不能实现合同目的的，应当双倍返还定金。因此，董某应向李某双倍返还定金二万元。

### 特别提示

实际交付的定金金额如发生多于或者少于约定数额的，根据《民法典》规定，该情形属于变更约定的定金数额，即定金金额以实际交付的为准。如收受定金的一方接受了定金但又对定金金额变化有异议的，定金的效力以其实际接受金额为准。但实际交付的金额不论多于还是少于约定数额，仍应遵循"不超过主合同标的额的百分之二十"的规定。

在实践中，还应注意定金和订金的区别，订金不能当然认定为"定金"。定金的数额在法律上有一定的限制，且收受定金的一方违约时，另一方可以要求双倍返还定金。但订金的数额可以由当事人自由约定，一般只具有预付款的性质，起不到担保债权的作用，在对方违约的情况下，无法获得双倍返还。因此，在实践中，如欲支付定金，则表述一定要准确。

## 案例52.因新冠肺炎疫情解除合同的双方互不担责

### 案情回放

2019年9月，马某与某公司签署《房屋租赁合同》，约定马某承租某公司名下商铺，经营少儿培训托管教育。合同签订后，马某依约向某公司交纳了租赁保证金，2019年12月，马某交纳了2020年1月至3月的租金和物业管理费；2020年3月，某公司因新冠肺炎疫情原因，免除马某2020年2月份的租金。因受新冠肺炎疫情影响，线下培训无法开展，马某于2020年3月16日向某公司提交申请，告知某公司自当日起退租，并请求退还押金和1月27日至3月的租金。2020年3月17日，某公司回复同意解除合同，但已经收取的物业管理费、租赁保证金不予退还，已收取的租金以实际交付日为标准计算，多退少补，并要求马某支付违约金。因未能就费用问题达成一致意见，双方未签订解除合同。马某遂向法院提起诉讼，请求法院判令双方的租赁合同解除，及某公司应退还其租赁保证金。

### 快问快答

问：马某以新冠肺炎疫情影响为由要求解除合同是否合法？

答：符合法律规定。但因解除合同而涉及的具体诉求需要结合实际情况判定。

### 法律依据

《民法典》第五百九十条　当事人一方因不可抗力不能履行合同的，根据不可抗力的影响，部分或者全部免除责任，但是法律另有规定的除外。因不可抗力不能履行合同的，应当及时通知对方，以减轻可能给对方造成的损失,并应当在合理期限内提供证明。

当事人迟延履行后发生不可抗力的,不免除其违约责任。

**专家释法**

本案中,马某租赁某公司商铺主要用于开展线下培训教育,因受新冠肺炎疫情和疫情防控措施的影响,其线下培训业务自疫情发生以来无法正常开展,导致其无法继续经营,马某以不可抗力为由要求解除合同,符合法律规定。因不可抗力解除合同的,双方均不存在过错,互不承担违约责任。因此,马某要求某公司退还租赁保证金的诉求符合法律规定,马某也无须向某公司支付违约金。

**特别提示**

因不可抗力不能履行合同的,责任并不当然全部免除,是部分免除还是全部免除,需要参考不可抗力的实际影响程度。但如果法律另有规定的,依照该规定。另,在不可抗力发生前已存在迟延履行的,相关违约责任并不能免除。

## 案例 53. 验货合格后发现隐蔽瑕疵,该如何维权?

**案情回放**

2017 年 5 月,某纺织品公司与某服饰公司签订《产品购销合同》,合同约定由某纺织品公司根据某服饰公司提供的面料样品供货,质量异议期为到达某服饰公司后半个月内提出有效。某服饰公司收到产品后应及时检验,对发现质量问题的产品应在七天内与某纺织品公司联系,双方协商确定处理的方式。合同签订后,某纺织品公司分别于 2017 年 7 月 1 日及 7 月 30 日向某服饰公司供货,后某服饰公司在使用过程中发现货物存在质量问题无法销售。某服饰公司于 2017 年 7 月 20 日通过邮件通知某纺织品公司所供货物存在质量问题,并委托测试中心进行鉴定,鉴定结论为质量不符合要求。现某服饰公司将某纺织品公司诉至法院,要求某纺织品公司就该些不合格货物造成的损失进行赔偿。某纺织品公司以质量异议期已过为由，拒绝赔偿。

### 📢 快问快答

问：某纺织品公司的抗辩理由能否被法院支持？

答：不能被支持。

### 法律依据

**《民法典》第六百二十二条** 当事人约定的检验期限过短，根据标的物的性质和交易习惯，买受人在检验期限内难以完成全面检验的，该期限仅视为买受人对标的物的外观瑕疵提出异议的期限。

约定的检验期限或者质量保证期短于法律、行政法规规定期限的，应当以法律、行政法规规定的期限为准。

### 专家释法

虽然双方在签订的《产品购销合同》中约定了质量异议期为到达某服饰公司后半个月内提出有效。但根据面料的种类、性质及数量，约定的质量异议期内难以完成全面检验，只能对面料外观瑕疵进行检验，因此，合同中约定的质量异议期应为对货物外观瑕疵提出异议的期间。且该批布料经过水洗后才发现扭曲率不符合约定要求，该瑕疵属于隐蔽瑕疵，某服饰公司在发现该问题后于收货20日内通知某纺织品公司，并未超过合理期限。因此，对于某纺织品公司提出的某服饰公司提出的质量异议期超过合同约定的理由，法院不予支持。关于货物质量，本案虽为某服饰公司单方委托鉴定，但某纺织品公司并未在诉讼中法院限定的期限内申请重新鉴定，亦没有证据证明其产品质量合格。根据鉴定结论，可以认定其提供的货物质量不合格，应对某服饰公司的损失进行赔偿。

### 💡 特别提示

《民法典》该条规定对当事人约定的检验期限过短，检验期限或质量保证期短于法律、行政法规规定期限的情形进行了明确，较之于《民法典》

生效前这些情形发生时，需要经法院认定的程序，更有利于当事人行使自己的权利。《民法典》同时规定，当事人没有约定检验期限的，买受人应当在发现或者应当发现标的物的数量或者质量不符合约定的合理期限内通知出卖人。买受人在合理期限内未通知或者自收到标的物之日起二年内未通知出卖人的，视为标的物的数量或者质量符合约定。但是，对标的物有质量保证期的，适用质量保证期，不适用该二年的规定。出卖人知道或者应当知道提供的标的物不符合约定的，买受人不受合理期限和二年规定的通知时间的限制。

## 案例 54. 分期付款有风险，催告程序不能少

### 案情回放

2018 年 11 月，某贸易公司与曾某签订《汽车买卖协议》，协议约定某贸易公司将其名下车辆转让给曾某，转让总金额为 10 万元，分 20 个月支付，曾某应于 2018 年 11 月起每月 24 日前还款 0.5 万元。协议签订后，某贸易公司将车辆交付曾某，但曾某在支付四个月款项二万元后，便不再继续还款了。截至 2020 年 3 月，曾某一直未偿还应付款项。

### 快问快答

问：某贸易公司是否可以直接要求曾某支付全部价款或者解除合同？

答：不可以，需要先催告。

### 法律依据

《民法典》第六百三十四条　分期付款的买受人未支付到期价款的数额达到全部价款的五分之一，经催告后在合理期限内仍未支付到期价款的，出卖人可以请求买受人支付全部价款或者解除合同。

出卖人解除合同的，可以向买受人请求支付该标的物的使用费。

### 专家释法

本案中，截至 2020 年 3 月，曾某未支付到期价款的数额已远远超过车

# 第三编 合 同

辆全部总价款的五分之一，根据《民法典》规定，某贸易公司在要求曾某支付全部价款或者解除合同前，应对其进行催告，并给予合理的支付期限。曾某如经催告后在合理期限内仍未支付到期款项的，某贸易公司便可以请求其支付全部价款或解除合同。

### 💡 特别提示

催告程序是《民法典》新增规定，是法律对出卖人请求买受人支付全部价款或解除合同的限制，属于法律强制性规定。《民法典》生效后，如分期付款的买受人未支付到期价款的数额达到全部价款的五分之一，出卖人向法院起诉要求买受人支付全部价款或解除合同的，需要出卖人先行履行合理催告的义务。建议出卖人在起诉前进行合理有效的书面催告，以便为后续诉讼过程中举证提供需要。

## 案例 55. 什么情况下可以撤销赠与？

### 🎬 案情回放

李老名下登记有一套房屋，李某为其幼子，李某与张某结婚后，三人一直生活在老李名下的房屋内。2010年4月，李某夫妇生育一子小李，其一家三口继续在上述房屋内与老李一起生活。随着小李逐年长大，老李年事已高，身体每况愈下，张某便向老李提议将上述房屋赠与小李，其和李某二人负责赡养老李。老李同意后，在其他子女在场的情况下，老李和李某夫妇、小李立字为证。2017年6月，老李将上述房屋赠与小李，并将房屋登记在小李名下。房屋赠与完成后，老李与小李家三口继续在上述房屋内生活，但李某夫妇不再尽心赡养老李。2019年5月，李某夫妇开始要求老李向其他子女要赡养费或轮流赡养照顾，并索要了老李的工资卡，每月只给500元让老李买饭吃，老李不得已才让次子将其接走。2020年1月，老李以赠与合同纠纷向法院起诉小李、李某夫妻，请求法院判令撤销赠与，返还其赠与房屋及请求判令小李、李某夫妻协助将该房屋过户至老李名下。

### 🔊 快问快答

问：法院会支持老李的请求吗？

答：老李有权撤销赠与并要求小李家返还房屋、协助过户。

### 法律依据

《民法典》第六百六十三条　受赠人有下列情形之一的，赠与人可以撤销赠与：

（一）严重侵害赠与人或者赠与人近亲属的合法权益；

（二）对赠与人有扶养义务而不履行；

（三）不履行赠与合同约定的义务。

赠与人的撤销权，自知道或者应当知道撤销事由之日起一年内行使。

### 专家释法

本案中，老李和小李为祖孙关系，老李将房屋无偿赠与小李的同时，李某夫妇也承担负责赡养的义务，因此，老李赠与房屋的行为属于附义务赠与。法律规定，赠与附义务的，受赠人应当按照约定履行义务。李某夫妇在其子获得赠与房屋后便不再尽心照顾老李，还限制其生活开销，要求其向别的子女要钱等，无论从精神上还是物质上均未尽到赡养义务，致使老李不愿与小李家共同生活。基于此，老李有权要求撤销赠与，并要求小李家返还房屋及协助过户。

### 特别提示

需要注意的是，赠与人撤销权的行使不是无期限的，法律规定该权利行使的期间为自知道或者应当知道撤销事由之日起一年内。该期间属于除斥期间，不存在中止、中断和延长的情形。赠与人在该期间内不行使撤销权的，该撤销权即消灭。因此，在实践中如发生需要撤销赠与的情形，一定要在法定期间内及时主张权利。

## 第三编 合 同

### 案例 56. 利率约定莫任性，超过部分不支持

**案情回放**

2018 年 6 月，林某因资金周转需要向陈某借款 30 万元。林某向陈某出具借据一份，并约定利息按月 1.5% 计算，在 2018 年 8 月 31 日前还清本息，如未按期归还，则自逾期之日起自愿承担每日 2‰ 的利息。在借款之后，林某未按约定日期还款，现陈某向法院起诉要求林某还本付息，并自逾期后按每日利率 2‰ 向其支付利息。

**快问快答**

问：陈某的要求能否被法院支持？

答：约定的利率超过法律规定的部分将不会被法院支持。

**法律依据**

《民法典》第六百八十条　禁止高利放贷，借款的利率不得违反国家有关规定。

借款合同对支付利息没有约定的，视为没有利息。

借款合同对支付利息约定不明确，当事人不能达成补充协议的，按照当地或者当事人的交易方式、交易习惯、市场利率等因素确定利息；自然人之间借款的，视为没有利息。

**专家释法**

公民之间合法的借贷受法律保护。陈某和林某之间的借贷关系合法有效，借款到期后，作为借款人，林某应当履行还本付息的义务。《民法典》规定，借款的利率不得违反国家有关规定，根据最高人民法院《关于审理民间借贷案件适用法律若干问题的规定》（2020 年 8 月 20 日生效），出借人请求借款人按照合同约定利率支付利息的，人民法院应予支持，但是双方约定的利率超过合同成立时一年期贷款市场报价利率四倍的除外。"一年期贷款市场报价利率"，是指中国人民银行授权全国银行间同业拆借中心自 2019 年 8 月 20 日起每月发布的一年期贷款市场报价利率（LPR）。上述最

高法规定同时还规定，借贷行为发生在 2019 年 8 月 20 日之前的，可参照原告起诉时一年期贷款市场报价利率四倍确定受保护的利率上限。基于此，陈某与林某的借贷关系发生在 2019 年 8 月 20 日之前，其关于利率的约定应以不超过其起诉时一年期贷款市场报价利率四倍为上限，超过部分将不会被法院支持。

### 特别提示

上述提到的最高院《关于审理民间借贷案件适用法律若干问题的规定》将民间借贷利率司法保护的上限由年利率 24% ~ 36% 调整为中国人民银行授权全国银行间同业拆借中心每月发布的"一年期贷款市场报价利率的四倍"。《民法典》生效后，相关司法解释可能还会根据《民法典》而做调整，届时，如发生借贷纠纷，应以发生纠纷时的相关规定为准。

## 案例 57. 房东卖房未通知租客，租客能否主张买卖合同无效

### 案情回放

自 2003 年 3 月起，徐某一直租赁杨某的房屋，从事箱包经营，二人从未就该租赁事宜签署过书面合同，但徐某每年都向杨某支付房租。2018 年 9 月，杨某将该房屋以 105 万元的价格卖给张某，现该房屋已办理不动产权证书并登记在张某名下。徐某得知该房屋由张某购买且杨某出卖前并未通知徐某卖房事宜，徐某认为此情形侵犯了其优先购买权，于是向法院起诉，要求判定杨某与张某签订的房屋买卖合同无效。

### 快问快答

问：徐某的请求是否会被法院支持？

答：徐某的主张不会被支持。

### 法律依据

《民法典》第七百二十八条　出租人未通知承租人或者有其他妨害承租人行使优先购买权情形的，承租人可以请求出租人承担赔偿责任。但是，出

## 第三编 合同

租人与第三人订立的房屋买卖合同的效力不受影响。

### 专家释法

《民法典》规定，出租人出卖租赁房屋的，应当在出卖之前的合理期限内通知承租人，承租人享有以同等条件优先购买的权利。本案中，虽然徐某和杨某未签订过书面租赁合同，但双方实际的租赁关系已持续十几年，应认定为不定期租赁。杨某在租赁关系存续期间出卖房屋，应当合理通知承租人，其未履行通知义务侵犯了徐某的优先购买权，徐某可以就此要求杨某承担赔偿责任，但杨某和徐某订立的房屋买卖合同效力不受影响。徐某要求法院判定杨某和张某签订的房屋买卖合同无效的诉求与法律规定不符，不会被法院支持。

### 特别提示

《民法典》同时规定，出租人因出卖租赁房屋，履行通知义务后，承租人在十五日内未明确表示购买的，视为承租人放弃优先购买权。另，承租人的优先购买权仅限于其承租房屋，其对出租人出卖的其他房屋不享有优先购买权。除上述外，根据《民法典》规定，发生房屋按份共有人行使优先购买权或者出租人将房屋出卖给近亲属的情形时，承租人不享有优先购买权。

## 案例58. 2021年起，车票丢失还需要花钱重新购买吗？

### 案情回放

2019年春节，张某实名购买火车票回老家。乘车期间，张某意外遗失车票，火车到达老家站台时，张某因无法提供火车票而不予放行，车站要求其必须补票才能出站。张某表示，其通过自己的身份证购票，车站可以查询系统核实，但车站仍要求张某重新购票后才能出站。无奈，张某只好重新购票。

### 快问快答

问：2021年1月《民法典》实施后，如乘客实名制购买的车票丢失，是否还需要重新购票？

答：不需要重新购票。

### 法律依据

《民法典》第八百一十五条　旅客应当按照有效客票记载的时间、班次和座位号乘坐。旅客无票乘坐、超程乘坐、越级乘坐或者持不符合减价条件的优惠客票乘坐的，应当补交票款，承运人可以按照规定加收票款；旅客不支付票款的，承运人可以拒绝运输。

实名制客运合同的旅客丢失客票的，可以请求承运人挂失补办，承运人不得再次收取票款和其他不合理费用。

### 专家释法

客票是客运合同存在的证明，除当事人另有约定或另有交易习惯外，客运合同自承运人向旅客出具客票时成立。承运人依据旅客提供的客票履行客运合同项下的义务。本条从法律层面明确了实名制车票丢失后，旅客可以挂失补办，且无须再支付票款和其他不合理费用。

### 特别提示

实名制旅客丢失客票后办理挂失补办手续时，承运人不得以任何理由要求旅客再次支付票款和收取其他不合理费用。《民法典》同时对旅客乘坐的要求做了更明确的规定，如按有效客票记载的时间、班次和座位号乘坐等。任性旅客霸座现象，不再是让大家无奈的不文明行为，而是违反法律规定的行为，应当承担相应的责任。

## 案例59. 这位业主拒不缴纳物业费的理由成立吗？

### 案情回放

李某为某小区业主，某物业公司为某小区建设单位通过招投标方式选聘的物业管理公司，并与建设单位签订《前期物业服务合同》，自2016年1月1日起持续为某小区提供物业服务。李某自2016年1月1日起至2019年6月30日期间一直拖欠物业费，某物业公司一直向其催缴，要求李某按《前期物业服务合同》的约定及时缴纳物业费,但李某以其未与物业公司签署物业服务合同为由拒不缴纳。现物业公司将李某诉至法院,要求其缴纳拖欠的物业费。

**快问快答**

问:李某提出的抗辩理由是否会被法院支持,其拖欠的物业费是否可以不用缴纳?

答:李某的抗辩理由不会被支持,其拖欠的物业费应该按《前期物业服务合同》约定缴纳。

**法律依据**

《**民法典**》**第九百三十九条** 建设单位依法与物业服务人订立的前期物业服务合同,以及业主委员会与业主大会依法选聘的物业服务人订立的物业服务合同,对业主具有法律约束力。

**专家释法**

建设单位依法与物业服务人订立的前期物业服务合同对业主具有法律约束力。本案中,某物业公司由建设单位根据法律规定的程序选聘,并签订《前期物业服务合同》,该合同并不违反法律、行政法规的强制性规定,合法有效,对作为业主的李某具有法律约束力。李某应根据《前期物业服务合同》的约定向物业公司缴纳物业费,其抗辩理由没有法律依据,不被法院支持。

**特别提示**

本条同时规定,业主委员会与业主大会依法选聘的物业服务人订立的物业服务合同,对业主具有法律约束力。但选聘和解聘物业服务企业或其他管理人属于业主共同决定的事项,该事项的表决程序和表决结果均应符合法律规定。另外需要特别说明的是,对于欠缴物业费的业主,物业服务人不得采取停止供电、供水、供热、供燃气等方式催缴物业费。

## 案例 60. 为省中介费的"跳单"行为要叫停

**案情回放**

2018 年 4 月，廖某与 A 中介公司签订《租售委托书》，该委托书约定，廖某将其别墅非独家委托出售，委托期限六个月，挂牌价 2000 万元，佣金为房屋成交价的 2%。如廖某经 A 中介公司提供信息，私下与其推荐的客户达成交易的，视为其完成委托事项，廖某方应按挂牌价的 2.5% 向其支付佣金。后 A 中介公司工作人员领着客户尤某就上述房屋进行了带看，双方签署《客户看房确认单》，该确认单约定，尤某确定接受了 A 中介公司提供的居间信息及服务。自看房之日起六个月内，尤某本人及其亲属或其他与尤某相关的人员和上述房产业主达成交易或买卖合同，尤某按实际售价的 2.5% 支付 A 中介公司中介费。之后，A 中介公司多次带尤某对该房屋进行带看，并组织廖某和尤某就房屋成交的价格、交易细节等具体事宜进行了多次商谈，最后双方于 2018 年 4 月底商谈好价格为 1950 万元。但因廖某觉得中介费太高，合同未签成。2018 年 5 月，A 中介公司发现，廖某和尤小某（尤某亲属）在 2018 年 5 月初于 B 中介公司处就上述房屋签署了买卖合同，交易价格为 1950 万元，双方共向 B 中介公司转账四万元作为中介费。经了解 B 中介公司仅就房屋过户代办服务。正常情况下 B 中介公司对别墅中介费标准为交易价格的 2.5% 左右。A 中介公司认为廖某"跳单"的行为违反了双方委托书的约定，于是向法院起诉，要求廖某支付其佣金。

**快问快答**

问：廖某是否应该支付 A 中介公司佣金？

答：廖某的行为违反了双方委托书约定，应支付 A 中介公司佣金。

**法律依据**

《民法典》第九百六十五条  委托人在接受中介人的服务后，利用中介人提供的交易机会或者媒介服务，绕开中介人直接订立合同的，应当向中介人支付报酬。

第三编 合 同

**专家释法**

本案中，A 中介公司已履行了多次带看、组织双方会谈、价格谈判等多项房屋交易细节服务，且在其组织下，廖某和尤某已就房屋价格达成一致。唯廖某因中介费过高反悔而未签约成功。而根据 B 中介公司说明，廖某和尤某找到其时价格已谈妥，其并未就成交房屋进行带看，亦未向廖某推荐尤某，他们仅提供了代办过户手续，廖某和尤某支付给 B 中介的费用与正常别墅居间费用相差也很大。而廖某与尤某在 A 中介公司带看、组织谈判后不到半个月的时间即完成房屋交易，很大程度上与 A 中介公司组织双方多次协商的行为分不开，且廖某明知尤某为 A 中介公司客户，在经历多次协商后，其私下与尤某完成交易，违反了其与 A 中介公司委托书约定，应向 A 中介公司支付佣金。

**特别提示**

关于"跳单"行为，如委托人主张其并未利用中介提供的交易机会或媒介服务的，需要承担举证责任。实践中，通过中介买卖房屋已成为二手房交易的常态，中介公司为了防止"跳单"，会制定一些比较严苛的条款。无论是卖方还是卖方均应在签署文件前仔细阅读，如对条款有不同意见，应及时提出要求修改。

## 案例 61. 误转钱款可以直接作为归还欠款吗？

**案情回放**

2019 年 11 月，范某收到保险公司通知，提醒其按时偿还保险贷款 1.5 万元。范某在转款过程中，疏忽大意，误将转入保险公司的保险贷款 1.5 万元转入韩某银行账户。于是，范某向韩某索要，但韩某拒绝返还。韩某表示其与范某之间有业务往来，范某正欲在韩某处采购一批货物，该笔款项正好可以抵扣范某想要采购货物的货款，无须再还给范某。范某于是将韩某诉至法院，要求其返还 1.5 万元。

### 🔊 快问快答

问：范某的主张能否被法院支持？

答：可以被法院支持。

### 法律依据

《民法典》第九百八十五条　得利人没有法律根据取得不当利益的，受损失的人可以请求得利人返还取得的利益，但是有下列情形之一的除外：

（一）为履行道德义务进行的给付；

（二）债务到期之前的清偿；

（三）明知无给付义务而进行的债务清偿。

### 专家释法

范某误将保险贷款 1.5 万元转入韩某账户内，韩某没有法律根据取得了该笔款项，其不返还范某款项的行为给范某造成了损失，属于不当得利，韩某应将不当得利返还范某。关于韩某提及的与范某之间的债权债务关系为业务往来，因尚未发生，属于不存在的债权，不能作为其拒不返还范某误转款项的依据。

### 特别提示

《民法典》该条同时规定了几种除外情形，即发生该几种情形时，不能根据不当得利的规定请求返还。另外，如得利人在不知道取得的利益没有法律依据，而且该利益已不存在时，则无须再就该利益返还。但如得利人为恶意时，受损失的人有权要求其返还取得的利益并赔偿损失。

# 第四编

# 人格权

## 内容概要

人格权是指为民事主体所固有而由法律直接赋予民事主体所享有的各种人身权利。人格权是一种支配权、一种绝对权、一种专属权，也是一种非财产权。人格权关系到民事主体的人格尊严，是民事主体最基本的权利。对于人格权的保护以及人格尊严的维护，成了现在社会公众反映最为强烈的问题。在《民法典》之前，有关人格权的规定散落在《民法通则》以及相关司法解释之中。

为了落实《宪法》中关于公民的人格尊严不受侵犯的具体要求，回应社会公众对人格权保护的迫切需求，也为司法实践提供相对统一的裁判依据，在现实有关法律法规和司法解释的基础上，结合我们现有人格权保护的实践经验，在《民法典》中将人格权独立成编，并将现行法律中的分散规定集中展现；对不够具体的加以具体化，对社会生活中急需解决而没有规范可依的予以明确。《民法典》此编将对人格权的尊重和保护提升到了一个全新的高度，对整个社会都将影响深远。

本编从民事法律规范的角度规定了自然人和其他民事主体人格权的概念、范围以及保护方式。共分六章，51条，规定了自然人和非法人组织享有的人格权，其中包括一章一般规定和五章具体规定。第一章主要规定了人格权所涉及的一般性规定。既明确了人格权的定义为生命权、身体权、健康权、姓名权、名称权、肖像权、名誉权、

第四编 人格权

隐私权等权利；又强调了人格权应受法律保护，且不得放弃、转让或继承；还特别将《民法典》之前司法解释中对死者人格利益的保护列入法律条文中。

第二章是对生命权、身体权和健康权保护的具体内容。较之前的保护内容，《民法典》新增加了身体权，其中包括身体完整和行动自由两个方面。考虑到生命权、身体权、健康权的权利特殊性，增加了紧急救助义务，意在鼓励和支持对自然人的适当救助，以弘扬社会主义核心价值观。同时，对于与社会民众生活密切相关的器官捐献、医学实验等民事活动，在吸收之前行政法规相关内容的基础上，补充了临床实验与医学研究活动所应遵循的基本规则。另外在本章中，对现实生活中社会关注度较高的性骚扰问题，给予了明确的定义，同时**增加**了性骚扰当事人所在的机关、企业、学校等单位防止和制止性骚扰的义务。

第三章是关于姓名和名称权的具体规定。本章中明确民事主体行使姓名权不得违背公序良俗，以及明确了公民择姓的规则。明确了对被他人使用足以造成公众混淆的笔名、艺名、网名等参照适用姓名权和名称权保护的有关规定。

第四章是关于肖像权的规定，是人格权中完全新增的内容。在之前的法律规定中只有《民法通则》简单地规定公民享有肖像权之外，再无其他具体规定。《民法典》在本章中明确了肖像的定义，同时针对利用高科技手段伪造、编辑他人肖像、声音，侵害他人合法权益的问题，设置了明确的禁止性规定。本章还增加了肖像权保护的例外——合理使用，以及对肖像权使用许可合同的特别规定。在肖像权使用许可合同里规定了对肖像权人的高度保护，一个是对合同条款有争议的，按对肖像权人有利的解释来处理。另一个是对于肖像权使用合同的解除权，没有约定期限或期限不明的，可以随时解除；约定了合同期限的，在合理期限前通知的，也可以解除。

第五章是对名誉权和荣誉权的具体规定。**明确**了名誉的定义，并对行为人实施新闻报道、舆论监督等行为与公民名誉权之间的平衡划定了界限，对行为人是否尽到合理核实义务等做了规定。同时，还为行为人有证据证明报道失实的，设定了要求更正和删除的权利。

第六章是对隐私权和个人信息保护的规定。《民法典》在此处**增设**了自然人的隐私权，并**明确**了隐私的定义。列明了禁止侵害他人隐私的五种具体行为以及一条兜底性条款。关于个人信息，不仅界定了个人信息的定义，还**明确**了自然人的个人信息受法律保护。同时，规定了对于掌握个人信息的机构，在处理个人信息的过程中应遵循的原则和条件。在现实生活中，经常发生掌握着大量个人信息的机构，非法买卖、泄露个人信息的情况，而个人信息所有人对此很多情况下不知情，甚至无能为力。在本章中，《民法典》构建了自然人与信息处理者之间的基本权利义务框架，明确了处理个人信息不承担责任的特定情形。为了全面保护个人信息，不仅对于一般机构处理个人信息进行了规定，还规定了国家机关和工作人员也负有保护自然人的隐私和个人信息的义务。

## 第四编 人格权

### 案例 62. 剧照也不可随意使用

**案情回放**

2017年，演员马某饰演了某电视剧的女主角。该剧播出以后，马某迅速成为国内大街小巷热议的人物，也成为许多微信公众号发表文章时多多少少都要提到的人物。有些公司甚至直接把该演员的剧照放到自己的文章里。近日，马某发现某传媒公司在未事先获得许可的情况下，在其运营的微信公众号上发布了两篇评论演员马某的文章，并在文章中使用了多张演员马某在上述电视剧中的剧照作为配图。同时，文章中还附有整形外科医院服务项目及声优课程的相关介绍、二维码、优惠价格宣传等广告信息。马某认为某传媒公司的行为侵犯了自己的肖像权，而该公司则认为其所使用的图片系电视剧里的照片，并非马某本人形象。

**快问快答**

问：该公司的行为侵犯了哪些权利？

答：侵犯了马某的肖像权和该电视剧的著作权。

**法律依据**

《民法典》第九百九十条　人格权是民事主体享有的生命权、身体权、健康权、姓名权、名称权、肖像权、名誉权、荣誉权、隐私权等权利。

除前款规定的人格权外，自然人享有基于人身自由、人格尊严产生的其他人格权益。

《民法典》第九百九十一条　民事主体的人格权受法律保护，任何组织或者个人不得侵害。

《民法典》第九百九十三条　民事主体可以将自己的姓名、名称、肖像等许可他人使用，但是依照法律规定或者根据其性质不得许可的除外。

**专家释法**

《民法典》新增的对人格权保护的条款，主要列举了人格权保护的内容，以及明确了人格权应当受到法律保护。人格权不同于财产权，它具有密切的人身专属性。比如本案中涉及肖像权、姓名权、人身权等。既然是权利,那么权利在某些条件下就可以授权,也就是《民法典》中规定的许可。人格权民事主体也可以许可他人使用,比如本案中涉及的演员参与影视演出,即是对电视剧制作方制作、使用其肖像的许可。这种许可只在演员与制作方之间有效。剧照不仅承载了电视剧的某个片段,也承载了演员的个人肖像,因此可识别性强的剧照依然具有演员的人格属性。结合本案的事实,某传媒公司在其商业推广的文章中使用辨识度高的剧照,且未征得演员本人的许可,构成侵犯他人人格权的行为,理应承担相应的法律后果。

### 特别提示

对于人格权的许可在实践中需要注意的是,根据法律法规或者根据人格权性质不可许可的,即使权利人同意,该许可行为也属无效许可行为。比如现实生活中存在的代孕合同,代孕所涉及的人体器官的许可使用是为法律所不允许的,所以代孕合同也系无效合同。

## 案例63. 不可以往死者身上"泼脏水"

### 案情回放

陈某的丈夫陆某是某医院医生。2010年2月的一天,陆某因突发急病经抢救无效死亡。当地居民黄某知道这个消息后,遂以《连打纸牌三昼夜,乐极生悲不幸亡》为题写了一篇新闻稿,并盖上所在单位的公章之后投稿给某报社。几天以后,该报社在社会新闻栏发表了这一消息:"本报讯,本市某医院医生与人连打三天三夜纸牌,不幸身亡……"由于陆某是该医院在此期间唯一去世的医生,因此,很多看到这条消息的人都对陆某本人产生了很多非议。陈某知道之后因痛苦焦虑而病倒,花费医疗费用1000多元。在此期间,陈某多次要求该报社澄清事实,说明陆某生前作风严谨,根本不存在连夜打牌的情况,同时登报道歉。该报社认为报道中并未指明当事人姓名,与陆某并非同一人。

# 第四编 人格权

### 快问快答
问：某报社的行为是否构成侵害陆某名誉权？

答：该报社行为侵害了陆某的名誉权。

### 法律依据
**《民法典》第九百九十四条** 死者的姓名、肖像、名誉、荣誉、隐私、遗体等受到侵害的，其配偶、子女、父母有权依法请求行为人承担民事责任；死者没有配偶、子女且父母已经死亡的，其他近亲属有权依法请求行为人承担民事责任。

### 专家释法
根据《民法典》的上述规定，死者的人格权也应受到保护。死者的配偶、子女、父母可以作为提出请求的主体。在这里需要分清，对死者人格权的保护与人格权不可继承并不冲突，对死者人格权的保护针对的是死者的人格利益，而人格权不可继承指的是人格权利不可继承。人格权中的名誉权是指公民、法人依法享有的，以其名誉所受利益为内容的权利，它代表着一个人的人格尊严，关系到一个人在社会生活中所处的地位及应受到的依赖和尊敬的程度。死者的名誉是指社会对其生前的生活作风、品质才干等方面的评价。本案中，陆某生前作风严谨，并没有连续三昼夜打纸牌的事情发生，其突发疾病死亡已经对其家人产生了巨大的打击，再刊登这种不实报道将造成其家属更加严重的身心痛苦，且这一新闻报道也确实引发了公众对死者的人格评价降低，侵害了死者的名誉权。因此，法院最终判决该报社为死者恢复名誉等措施，并支付死者家属医疗费和一定的精神损害赔偿金。

### 特别提示
在实践中多发侵犯死者人格利益的现象，不仅限于像本案中的名誉权应受到保护，还包括姓名、肖像、荣誉、隐私、遗体等都应依法受到保护。还需要注意的是，对特殊死者的人格利益保护，也会涉及其他法律的一些特别规定。比如侵害英雄烈士的人格权的由《中华人民共和国英雄烈士保护法》进行调整。

## 案例 64. 健身房擅自使用学员照片做宣传，赔礼道歉不受诉讼时效限制

### 案情回放

2016年2月，黄某在某健身会所办理了一张健身卡，还购买了私教课程，并添加了私人教练的微信。2016年3月，黄某用微信发了一条"近日觅得一瘦身秘方，现赠予有缘人"的朋友圈，并把自己减肥前后的对比照片也贴上了。该朋友圈没发多久，黄某发现健身房的私人教练使用自己的照片发了一条朋友圈广告。当时，黄某并没有在意该教练未经自己同意就使用该图片发广告。可是后来该教练不仅用了自己的胖瘦对比的照片，还用了黄某妻子怀孕时的照片，以及黄某不满一岁儿子的照片。导致上小学的女儿班级里的家长群中总有人询问是哪位家长，并且各种评论，这些给黄某以及黄某的家人造成了极大的影响，更严重影响了黄某的夫妻感情。2019年4月，黄某终于忍无可忍，将该健身房和私人教练告上法庭，请求他们消除影响、恢复名誉、公开赔礼道歉。健身房称照片使用在三年前了，黄某的请求已经超过诉讼时效，不应予以支持。

### 快问快答

问：黄某的要求是否超过了诉讼时效呢？

答：没有，消除影响、恢复名誉、赔礼道歉不受诉讼时效期间的限制。

### 法律依据

**《民法典》第九百九十五条** 人格权受到侵害的，受害人有权依照本法和其他法律的规定请求行为人承担民事责任。受害人的停止侵害、排除妨碍、消除危险、消除影响、恢复名誉、赔礼道歉请求权，不适用诉讼时效的规定。

### 专家释法

《民法典》的上述规定明确了人格权的保护依据，以及特殊时效的规定。侵害人格权的请求依据是《民法典》和其他法律规定，具体的适用则根据民事责任的不同性质和不同的民事责任承担方式而有所区别，比如产品责任造

## 第四编 人格权

成人格权受到侵害的,则由产品质量法或消费者权益保护法来进行调整。一般的原则是特别法优于普通法的原则。另外,特别规定了针对六种请求权不适用诉讼时效期间。诉讼时效期间是指权利人请求法院或仲裁机关保护其民事权利的法定期间。诉讼时效期间届满则权利人丧失胜诉权。本案中,2016年黄某就看到了该健身房的私教未经同意使用了自己的照片,直至2019年才提起诉讼,从时间上算已经超过普通的诉讼时效三年的时间。但是,黄某提出的是消除影响、恢复名誉、赔礼道歉的请求,根据《民法典》的规定,其请求不受诉讼时效限制,因此黄某依然享有胜诉权。

### 💡 特别提示

《民法总则》第一百九十六条中明确,对于停止侵害、排除妨碍、消除危险的请求权不适用诉讼时效的规定,也就是说无论何种案由,只要提出的是上述三种请求权,即不适用诉讼时效。《民法典》在增加人格权内容时又增加了本案案例中主人公提出的三项请求权——消除影响、恢复名誉、赔礼道歉,同样不适用诉讼时效的规定。在此需要注意,在《人格权编》增加的消除影响、恢复名誉、赔礼道歉的请求权不受诉讼时效的规定,仅限于在人格权受侵害的情况下。另特别提示,诉讼时效期间的计算方法是从权利人知道或者应当知道权利受到损害之日起计算。

## 案例 65. 承担了违约责任还要支付精神损害赔偿

### 🎬 案情回放

2019年6月的一天,王某与黄某、李某三人在某火锅店小聚。三人入座后不久,一个服务员端着一个热气腾腾的火锅在王某身边经过时,另一个服务员也匆忙走过来,碰了一下端火锅的服务员,滚烫的热水洒到王某头上,造成其严重烫伤,导致王某头皮发囊受损,部分头发永久性脱落。进行医治后,花费医疗费共计人民币1.23万元。王某的部分头发脱落后露出头皮,看到王某且不知详情的人,都会误以为其得了某种疾病,王某因此遭受巨大的精神损害，甚至出现了不想出门见人的抑郁倾向。王某认为由于火锅店提供的服务有瑕疵才导致自己健康权受损，同时遭受了严重的精神损害，火锅店应当承担相应的赔偿责任。

### 快问快答
问：火锅店是否应当对王某的精神损害承担责任？
答：应当承担。

### 法律依据
《民法典》第九百九十六条　因当事人一方的违约行为，损害对方人格权并造成严重精神损害，受损害方选择请求其承担违约责任的，不影响受损害方请求精神损害赔偿。

### 专家释法
根据《民法典》的上述规定，明确了当违约行为对受损害方人格权造成严重精神损害的，可以同时请求精神损害赔偿。该规定与之前的法律规定有所不同，在之前的法律规定中，违约责任与精神损害赔偿的侵权责任需要选择一个来进行救济。但是，实践中经常出现合同标的物虽小，可是对于当事人精神意义重大的情况。一旦发生违约，虽经济损失不大，但精神损害巨大。考虑公平以及填补损失原则，对于人格权的损害造成严重精神损失的，《民法典》增加了既可以请求违约责任又可以要求精神损害赔偿的规定。本案中，王某去火锅店就餐与火锅店形成了服务合同关系，火锅店服务员在提供服务过程中存在过错，导致王某的健康权受损。这时火锅店需要赔偿因其违约给王某造成的经济损失。但是在事件过后，由于健康权受损直接带来了王某面貌的异常，并造成王某精神抑郁的倾向，导致了其严重的精神损害。根据《民法典》的本条规定，王某既可以请求火锅店赔偿自己的1.23万元的医疗费，又可以请求精神损害赔偿。

### 特别提示
《民法典》本条的违约责任与侵权责任的竞合并用制度系全新增加的内

容，在实际应用中应当注意：一是只在违约责任损害人格权时才适用，比如火锅店让王某等位等了三个小时或者是将火锅锅底洒在王某衣服上等未损害到人格权的，不可适用。二是损害的须为自然人的人格权，不包括损害法人和非法人组织的人格权。人格权的具体范围详见《民法典》第九百九十条。

## 案例 66. 不实报道应在诉前禁止传播

### 案情回放

某公司是一家知名海购公司，系"某海购"在线交易平台的运营主体。2016年4月16日，A报社在其纸媒C3版及电子报、官网上刊登了一篇题为《跨境电商命门凸显，某海购现自营危机》的报道。文章开篇就写到"某海购又陷入售假旋涡"，接下来以一位周先生的"假货爆料"为新闻由头，称其为在某海购买到假货的消费者，再展开来分析，指"某海购"销售假货，并称"某海购现自营危机"。某门户网站的财经频道、科技频道原文转载了上述文章，并将标题修改为《某海购陷售假旋涡，跨境电商进货渠道坑多水深》《跨境电商命门凸显，某海购现售假危机》。时值五一黄金周假期来临，上述文章将会严重影响到某海购的商誉。某海购想起诉A报社与某门户网站侵害人格权，但是认为诉讼时间较为漫长，如果任由文章自由传播，即便等来胜诉的判决结果，也会造成不可逆转的损失。于是，某公司向法院申请诉中行为保全，请求裁定A报社停止通过电子和纸媒的方式发布涉案文章，并责令某门户网站删除转载的两篇报道。

### 快问快答

问：某海购的诉中行为保全是否会得到法院的支持？

答：会的。

### 法律依据

《民法典》第九百九十七条　民事主体有证据证明行为人正在实施或者即将实施侵害其人格权的违法行为，不及时制止将使其合法权益受到难以弥补的损害的，有权依法向人民法院申请采取责令行为人停止有关行为的措施。

### 专家释法

《民法典》的上述规定是关于申请法院责令行为人停止有关行为的规定。此处的停止有关行为发生在诉讼之前或者诉讼过程中，针对的是正在实施或者即将实施侵害其人格权的违法行为，并且如果不及时制止将使权利人的合法权益受到难以弥补的损害。结合本案的事实，A报社的文章从题目、开篇、由头及主线勾勒了一起"某海购又陷入售假旋涡"的新闻事件，但是在文章的整体内容中，却并未报道出"假货"这一定性的明确依据。同时，A报社也不能提供相应证明假货的充分证据。在此种情况下，涉案文章的报道可能构成失实。如果继续传播可能对某海购造成社会评价降低的严重损害后果。鉴于A报社在行业内具有较大的媒体影响力，且网媒传播具有很强的信息扩散性，如果继续传播将对某海购的合法权益造成进一步的损害。最终，法院支持了某海购的诉中行为保全申请，责令A报社与某门户网站限期内停止刊登、转载、转发涉案文章。

### 特别提示

诉中行为保全在实际适用中，首先应注意申请的程序要依照法律的规定。《民法典》的此条规定只是规定了保全申请的实体法基础，对于如何通过程序而具体实现，其他法律有规定的，应当适用其他法律的规定。比如《民事诉讼法》对紧急情况下财产保全的申请、《反家庭暴力法》对人身安全保护令的申请等。其次，还要注意请法院采取的措施符合比例原则，也就是要采取合理的措施。比如，责令行为人停止有关行为，可以根据案件的必要程序而有一定的合理期限的限制。

# 第四编 人格权

## 案例 67. 强行劝酒喝死人，劝酒人要担责

### 案情回放

2017 年 10 月 2 日，杨某与张某举行婚礼，邀请了包括李某在内的很多亲朋好友来家中吃喜宴。杨某的邻居黄某，两年前曾向张某提过亲，但是被拒绝了。现在杨某要与张某结婚了，黄某心中大为不爽。婚礼这天，黄某也假装到场祝贺。黄某、李某等六人一桌吃饭饮酒。敬完酒后，杨某便坐到李某这桌上来陪酒。黄某趁这个时间，不停劝杨某喝酒，李某自以为黄某是善意助兴，就随着黄某一起劝酒。喝着喝着，杨某呈醉酒状态。当日 14 时许，杨某开始不停呕吐。15 时 20 分许，杨某被送至医院救治，16 时 40 分抢救无效死亡。经诊断为急性酒精中毒，引发上消化道出血、呼吸及心跳停止。杨某家属诉至法院，要求当时劝酒的同桌人黄某、李某承担杨某死亡的赔偿责任。

### 快问快答

问：黄某、李某是否应当承担相应的赔偿责任？

答：是的，杨某的死亡责任应由黄某、李某以及杨某自己共同承担。

### 法律依据

**《民法典》第一千零五条** 自然人的生命权、身体权、健康权受到侵害或者处于其他危难情形的，负有法定救助义务的组织或者个人应当及时施救。

### 专家释法

《民法典》此条是对于侵害生命权、身体权、健康权的法定救助义务的规定。此项内容也是新增加的内容，旨在对不负有法定救助义务的救助人的保护，以及鼓励有法定救助义务的人积极地履行救助义务。本条所指的救助义务一般包括：特殊职业的法定救助义务、合同附随的救助义务、法定的安全保障义务、先行行为的救助义务和特殊身份关系人的救助义务。本案中，黄某、李某与杨某共同饮酒，发生了杨某醉酒死亡的损害后果，黄某与李某未尽到合理注意义务，在杨某已经喝多的情况，还在刻意劝酒。两人的先行行为诱发了杨某的醉酒行为，并导致其最终死亡后果。虽然两人的行为未直

接导致损害的发生,但是损害的发生与两人的行为具有前后因果关系。因此,黄某、李某应对杨某的死亡承担部分赔偿责任。

**特别提示**

《民法典》本条所规定的紧急救助义务仅限于对生命权、身体权、健康权的侵害而产生的特定义务。在实践中还应注意施救的及时性,不得以未付费等理由拒绝或者拖延履行。再就是救助方式,可以是亲自施救,也可以是通过联系专业的救助机构进行救助。

## 案例 68. 妻子不同意捐献过世丈夫的遗体,别人谁同意都没用

**案情回放**

老李在 45 岁的时候得了尿毒症,但是苦于没有肾源,一直拖到 50 岁,终于找到合适的肾源,为了感谢捐献人家属,老李自愿拿出 35 万元作为补偿。老李换肾之后,排异反应较小,之后又生活了十几年。每每想起自己当年对肾源渴求的经历,就当着儿女的面,对遗体捐献的家属大加赞赏,子女们以为父亲也有想法将来要捐献自己的遗体。但是,老李迷信,总是悄悄地问老伴,遗体捐献了之后再投胎会不会是个残疾人?老李的老伴就明白老李对于遗体捐献是惧怕的。老李后来患其他疾病,弥留之际,跟老伴说他不想再投胎的时候变成残疾人。老李去世后,原来为他做肾移植的医院觉得老李的手术做得非常成功,想要对他的遗体进行进一步的实验研究,便与他的家人商量是否考虑遗体捐献,儿女们认为老李生前受益于他人的遗体捐献,如果老李的遗体能为医学研究做点儿贡献可以考虑捐献,但是老李的老伴却完全不同意捐献老李的遗体。

**快问快答**

问:这时谁有权决定是否捐献老李的遗体?

答:在老李老伴不同意的情况下,谁都无权决定捐献老李的遗体。

## 第四编 人格权

### 法律依据

**《民法典》第一千零六条** 完全民事行为能力人有权依法自主决定无偿捐献其人体细胞、人体组织、人体器官、遗体。任何组织或者个人不得强迫、欺骗、利诱其捐献。

完全民事行为能力人依据前款规定同意捐献的,应当采用书面形式,也可以订立遗嘱。

自然人生前未表示不同意捐献的,该自然人死亡后,其配偶、成年子女、父母可以共同决定捐献,决定捐献应当采用书面形式。

### 专家释法

《民法典》在本条中主要针对人体捐献应当获得同意和对同意的限制做了规定,并不涉及其他更为细致的规定。本条中,明确对活体细胞、器官、人体组织的捐献应当由完全民事行为能力人自主决定。完全民事行为能力人是指已满18周岁、智力正常健全的成年人。而对于遗体的捐献,自然人生前同意捐献的,应当尊重其意志。但多数情况下是自然人生前未明确表示的,此时,在自然人死后,由其配偶、成年子女、父母共同决定,并采用书面形式。在实践中,如果儿女与父母意见不一致,不能共同决定,则不可捐献该死者遗体。本案中,老李在生前并未明确表示同意或者不同意捐献自己的遗体,其子女认为他可能想要捐献,是出于他是遗体捐献的受益者;其老伴儿认为他不想捐献,是出于老李跟她说不想转世投胎成为一个残疾人。这种情况下,构成了配偶、成年子女不能共同作出统一的决定,因此老李的遗体不能捐献。

### 特别提示

需要特别注意的是,人体捐献最为重要的是获得人体捐赠者的同意,且不得强迫、欺骗和利诱。同时,人体捐献需要强调无偿,且必须是无偿。在这里有的人可能会问,案例中老李给了肾源提供者的家属35万元是不是违法了?在这里需要将人体买卖和对捐赠人或其近亲属的补偿区分开。补偿是单方的、自愿的,且没有一定支付标准的形式出现,因此不等同于有偿或者买卖。另，实施人体捐献更为细致的管理规定，应参照《人体器官移植条例》的相关内容。

## 案例 69. 违法配售临床试验药物害人不浅

**案情回放**

2009 年 6 月 5 日至 2010 年 1 月 4 日，何某因患皮肤病（鱼鳞病）到某医院就诊。某医院门诊医生给何某配售了五瓶"阿罗神胶囊"。何某发现自从服用了"阿罗神胶囊"后，月经即开始不正常，至 2011 年 4 月 21 日，何某连续停经达三个月。2011 年 6 月 16 日至 2011 年 11 月 10 日，何某又到该医院治疗闭经，通过服药治疗使月经来潮。后经 B 超诊断，双卵巢均较小，何某一直都在治疗中。后何某得知某医院配售给自己的"阿罗神胶囊"是 2008 年 7 月某省卫生厅批准的指定某药业公司等单位联合研制的，并指定由某省四家医院进行临床实验，但其中并没有某医院。何某完全不知道该药物系临床实验用药，也不清楚该药物会带来哪些潜在的风险。某医院在未告知何某该药物系临床实验用药的情况下，就给何某配售，导致何某旧病未去又添新病。何某请求该医院赔偿自己的损失，但该医院拒绝。于是，何某诉至法院。

**快问快答**

问：法院是否会支持何某的请求？

答：会，进行临床实验应当明确告知受试者，并经其书面同意方可配售。

**法律依据**

《民法典》第一千零八条　为研制新药、医疗器械或者发展新的预防和治疗方法，需要进行临床试验的，应当依法经相关主管部门批准并经伦理委员会审查同意，向受试者或者受试者的监护人告知试验目的、用途和可能产生的风险等详细情况，并经其书面同意。

进行临床试验的，不得向受试者收取试验费用。

## 第四编　人格权

### 专家释法

《民法典》上述规定是对人体临床试验的新增内容。人体临床试验是指在病人或健康的人体上进行系统性的研究，以了解新研究药物、医疗器械或者治疗方法的实际疗效与安全性能。进行临床试验应当依法经相关主管部门批准并经伦理委员会审查同意，并由受试者自主决定是否参加，以及何时退出试验。同时，法律还严格保护受试者的知情同意权，要求医疗机构必须依法告知试验目的、用途和可能产生的风险等详细情况，以使得受试者充分了解后作出真实意愿的决定。本案中，某医院给何某配售临床试验药物，却不告知何某，也未获得何某的书面同意，这一行为严重侵犯了何某的知情权，违反了法定义务；其行为具有违法性，主观上存在过错，应承担相应的赔偿责任。在医疗纠纷中，适用举证责任倒置的证据规则，应由医疗机构举证证明其医疗行为与损害结果之间不存在因果关系以及不存在医疗过错。本案中由于某医院不能提供所涉药物生产、销售、临床使用许可等证件，导致鉴定机构拒绝鉴定，在此种情况下，推定某医院应承担鉴定不利的后果。因此，某医院应赔偿因其过错造成的何某的损失。

### 特别提示

在实践中应当注意，医学临床试验的受试者有权决定是否参加，并且有权决定在任何阶段退出研究而不承担任何经济责任。受试者的同意必须采取书面形式。进行临床试验应当免费进行，不得收取任何费用。

## 案例 70. 下属遭遇性骚扰，单位不作为也要担责

### 案情回放

何某是某私立学校外语教研室的老师，长相漂亮、性格活泼开朗。连某是该学校教研室副主任。自 2017 年下半年开始，连某经常利用职务之便，对何某进行性暗示，还经常以工作的名义，把何某叫到自己办公室进行言语挑逗。何某多次拒绝后，连某仍不死心，在单位到处宣扬自己喜欢何某。

2018年春季，学校组织教师外出春游，连某在晚上11点多尾随何某到她的房间，对她强行亲吻并抚摸其隐私部位。何某认为连某从言语挑逗、行为骚扰进而发展为性侵害，不仅影响了自己正常的工作生活，而且造成了极大的身心伤害，原来性格外向的何某，开始变得沉默寡言。忍无可忍之下，何某将连某与某私立学校诉至法院，要求连某赔礼道歉，连某与单位连带赔偿精神抚慰金三万元。

### 快问快答

问：单位是否应当承担民事责任？

答：应当承担。

### 法律依据

《民法典》第一千零一十条　违背他人意愿，以言语、文字、图像、肢体行为等方式对他人实施性骚扰的，受害人有权依法请求行为人承担民事责任。

机关、企业、学校等单位应当采取合理的预防、受理投诉、调查处置等措施，防止和制止利用职权、从属关系等实施性骚扰。

### 专家释法

《民法典》此条规定了性骚扰的定义，即核心是违背他人意愿，方式为言语、文字、图片、肢体行为等。对于民事责任承担的形式则根据具体案情的具体情况而有所不同。在本条的第二款中，增加了机关、企业、学校等单位的义务。这一规定要求这些单位应当采取合理的预防、受理投诉、调查处置等措施，以达到履行《民法典》设置的防止和制止利用职权、从属关系等实施性骚扰而采取措施的义务。本案中，当事人所在的单位正是学校性质，双方也是上下级关系。连某违背何某的意愿，对其持续实施长达一年多的性骚扰行为，对何某的精神以及身体都造成了严重的损害。某私立学校在这个过程中存在不作为，未采取合理的预防、受理投诉、调查处置等措施，来为何某提供一个保护自己的途径，为员工创造一个平等安全的工作环境，因此

## 第四编 人格权

某私立学校违反了《民法典》的法定义务,对何某的损害也应当承担相应的法律责任。

**特别提示**

在此条规定中,单位除应当负有采取合理措施防止和制止利用职权、从属关系等实施性骚扰的义务,也负有采取合理措施防止和制止其他性骚扰的义务。当单位未尽到采取合理措施的义务时,受害人有权依据《民法典》和其他法律要求单位承担民事责任。

### 案例 71. 商场不可随意搜查消费者身体

**案情回放**

2017 年 12 月 23 日,梁某到小区附近的超市买东西。结完账之后,刚刚走到门口,就被超市里面走出来的一名保安拦住,叫她把偷的东西拿出来,并用手在她的腰上摸。在没有搜到东西后,该名保安还要求她把衣服脱下来给他看。梁某不肯,保安就自己用手拉起她的衣服转了一圈,周围有很多围观的人都看到了。梁某非常生气,就与保安争吵起来,引来越来越多围观的人。梁某遂报警,该保安在派出所说,他在监控里看到梁某拿了 8 条口香糖,但是在梁某购物后交费时没有发现有口香糖这个产品,于是自己追出来问她要,就发生了前面的一幕。梁某说,她没有拿口香糖出来,本来是想买,后来想想怕拿回去孩子吃了对身体不好,就随手放到了别的货架上。梁某认为保安的行为是对自己人格的侮辱,并且当时围观的好多人都相互认识,给自己造成了不好的影响,该超市应当道歉并赔偿自己的损失。于是,梁某提起诉讼。

**快问快答**

问:该超市是否构成侵权且应承担相应的民事责任?

答:构成侵权,公民的人身自由依法应受到保护。

**法律依据**

《民法典》第一千零一十一条　以非法拘禁等方式剥夺、限制他人的行动自由，或者非法搜查他人身体的，受害人有权依法请求行为人承担民事责任。

### 专家释法

《民法典》首次将非法剥夺、限制他人行动自由以及非法搜查他人身体的行为列入明确的法律规定之中。在此强调两点：一是剥夺、限制他人行动自由的行为具有非法性，在这里就排除了比如正在犯罪的人被扭送到公安机关，或者对病毒携带者进行的强制隔离等合法的限制自由的行为；二是针对的对象是他人的行动自由，不包括意志的自由或精神活动的自由。非法搜查他人身体的行为，实践中经常发生在超市、商场等场所。非法搜查是指没有合法依据，对他人身体或者随身携带的财物进行检查。结合本案的事实，梁某去超市购物后，遭到保安的盘问。在没有任何证据的情况下，保安还对梁某的身体当众进行搜查，对其名誉确实造成了损害。因此，该超市非法搜查他人身体，造成梁某名誉权的损害，应当依法承担相应责任。

### 特别提示

对于非法剥夺、限制他人行动自由的，在《宪法》《刑法》《刑事诉讼法》《行政处罚法》《治安管理处罚法》《妇女权益保障法》等也都有与保障人身自由相关的规定，《民法典》本条的规定是一般性规定，主要规定了对民事责任的承担，并不影响其刑事或行政责任的承担。同时，民事责任的承担形式也因具体的行为内容不同而有所不同。

## 案例 72. 冒用他人姓名上学，相关部门均应担责

### 案情回放

齐某是某中学 1991 届应届初中毕业生，当年中考后，她没有收到任何一所学校的通知书，就一直误以为自己落榜了，只好无奈地四处打工。一个偶然的机会，齐某得知，当年自己中考的成绩，虽未达到统一招生的录取分数线，但超过了委培生的录取分数线。某商校也向齐某下发了录取通知书，

## 第四编　人格权

由齐某就读的某中学进行转交，但是齐某的录取通知书被同村的另一名初中毕业生陈某冒领。陈某当年中考分数较低，根本没有上中专的资格。陈某的父亲老陈系当地村党支部书记。老陈为了让女儿能有个学上，动用各种社会关系，调动某中学、某商校和当地教委等力量进行种种运作，成功地让自己的女儿陈某拿着齐某的通知书和学籍档案进入某商校上学。在该商校毕业后，直接分配到某银行的支行工作，后来做到了银行管理层。在某商校上学，以及后来的工作过程中，陈某均使用齐某的名字，甚至在某银行支行的人事档案中，仍有齐某的人事档案，只是此齐某非真齐某。齐某知晓真实情况之后，认为自己现在的处境均是由于陈某等方的侵权行为造成的，故齐某将陈某、某中学、某商校、某教委告上法庭，要求停止侵害、恢复名誉并赔偿损失。

### 快问快答

问：陈某等主体的行为侵害了齐某哪些法定权利？

答：侵害了齐某的姓名权。

### 法律依据

**《民法典》第一千零一十四条**　任何组织或者个人不得以干涉、盗用、假冒等方式侵害他人的姓名权或者名称权。

### 专家释法

姓名是一个自然人在社会生活中区别于其他自然人的标志和符号。对于姓名权的保护在之前的法律规定中也有，只是《民法典》此次增加列举了侵害姓名权的三种较为典型的方式，即干涉、盗用、假冒。干涉是指无正当理由干涉他人对姓名的决定、使用、变更或者许可他人使用的权利。盗用是指未经姓名权人、名称权人同意或授权，擅自以姓名权人、名称权人的姓名或者名称实施有害于他人或社会的行为。假冒是指假冒姓名权人或名称权人之名进行活动，表现为该主体在从事民事活动时不用自己的姓名而使用他人的姓名或名称。结合本案事实，陈某领取了齐某的录取通知书，从那时起，陈某便以齐某的名义开始进行民事活动，陈某便从那时起一直在侵害齐某的姓名权。通过老陈的人脉资源打通关系，某中学、某商校、某教委均把应当发放给齐某的录取通知书以及人事档案等，实际给到了陈某，为陈某的侵权行为提供了便利条件。最终，法院判决陈某停止对齐某姓名权的侵害，陈某、某中学、某商校、某教委向齐某赔礼道歉，各方当事人连带承担齐某的经济损失。

**特别提示**

对姓名权的侵害方式，本条列举的三种是最常见的，对于以其他方式侵害姓名权的行为，依然应当禁止。另外，还需要注意区分同名、同姓的情况。由于我国文字特性的原因，会存在重名的现象，仅仅登记的姓名与他人相同，则不构成假冒侵权行为。

### 案例 73. 擅自使用他人照片做封面，即使不营利也构成侵权

**案情回放**

陈某系某中学初二年级的学生。2012 年 7 月，某出版社因出版体育教材需要封面照片，遂委托市教育科学研究院的同志与某中学学校排球队联系并拍摄照片。该中学学校排球队教练即对拍摄一事进行了特别安排，并告知参加拍照的排球队队员照片有可能用作教材封面。当时没有人明确反对，并且还都很配合拍摄。陈某也是排球队队员，参与了拍照，也没有提出反对意见。之后，出版社从拍摄的 20 多张照片中选择了几张采用。陈某的肖像照刚好也在这几张之中，分别印在九年义务教育《体育与健康》教科书（试用）、《体育》初三年级体育教材的封面、扉页、封底三个地方。该教材共印刷 500 册，每册定价人民币 6.5 元。陈某父母发现后，认为该出版社未经陈某同意而使用其肖像，用于营利目的，构成侵权，便诉至法院请求该出版社进行赔偿。

**快问快答**

问：该出版社是否构成侵权？

答：构成侵权，出版社未经陈某的同意而使用其肖像。

# 第四编 人格权

### 法律依据

《民法典》第一千零一十八条　自然人享有肖像权，有权依法制作、使用、公开或者许可他人使用自己的肖像。

肖像是通过影像、雕塑、绘画等方式在一定载体上所反映的特定自然人可以被识别的外部形象。

### 专家释法

《民法典》的上述规定对肖像权的权能和定义给出了明确的规定。肖像是指通过一定载体所能够客观、真实地反映出自然人外部形象，这种载体可以是艺术作品，也可以是任何可以反映自然人外部形象的物质手段。这里强调了任何人均享有依法制作、使用、公开以及许可他人使用肖像的权能。肖像权人对于自己的肖像是否使用以及如何使用享有完全的权利，这种权利与使用人有偿使用还是无偿使用无关，只要未经肖像权人许可，任何组织或个人擅自使用他人肖像的行为均构成侵权。结合本案的事实，陈某虽然参与了拍照，但是最后选出的照片里有自己这一情况，陈某并不知晓。在法院审理过程中，某出版社称自己出版的是国家义务教育范围内的教材，不以营利为目的。但是，如前所述，是否构成侵犯肖像权的关键在于是否获得了肖像权人明确同意，而不是是否以营利为目的。因此，某出版社应当承担相应的侵权责任。

### 特别提示

该条款的规定与之前的《民法通则》有所不同。《民法通则》第一百条规定，未经肖像权人同意，不得以营利为目的使用肖像权人的肖像，也就是他人是否营利性使用肖像是判断是否构成侵权的要件。而《民法典》在此将该规定做了修改，不再以他人的使用是否以营利为目的作为判断是否侵犯肖像权的要件。因此，本案若发生在《民法典》生效之前，裁判标准和结果就会与《民法典》生效之后有所不同。

## 案例 74. 把自己的头像编辑到他人的照片上进行营利可能构成侵权

**案情回放**

2010年，某市文化研究院为了宣传需要，策划出版一本书，该书的主要内容是写著名作家冰心与当地的渊源。研究院任命薛某为该书的主编。在该书第三页的插图下方有一张冰心与主编薛某的照片。但是薛某实际上并未见过冰心本人，这张照片是薛某利用陆某与冰心的照片，经过电脑技术将陆某躯体部分的影像保留，头部影像更换成薛某的头像合成而来。陆某见到这张照片，感觉非常别扭，认为薛某的行为侵害了自己的肖像权。薛某则认为肖像是通过面部作为主要识别标志，自己只是用了躯体部分，该躯干影像具有普遍性，他人并不能通过该躯干影像辨别出陆某的肖像特征，因此躯干影像不能称为陆某的肖像。陆某不认可薛某的说法，诉至法院。

**快问快答**

问：薛某的行为是否构成侵害陆某肖像权的行为？

答：构成。

**法律依据**

《民法典》第一千零一十九条　任何组织或者个人不得以丑化、污损，或者利用信息技术手段伪造等方式侵害他人的肖像权。未经肖像权人同意，不得制作、使用、公开肖像权人的肖像，但是法律另有规定的除外。

未经肖像权人同意，肖像作品权利人不得以发表、复制、发行、出租、展览等方式使用或者公开肖像权人的肖像。

《民法典》第一千零二十条　合理实施下列行为的，可以不经肖像权人同意：

（一）为个人学习、艺术欣赏、课堂教学或者科学研究，在必要范围内使用肖像权人已经公开的肖像；

（二）为实施新闻报道，不可避免地制作、使用、公开肖像权人的肖像；

（三）为依法履行职责，国家机关在必要范围内制作、使用、公开肖

## 第四编 人格权

权人的肖像；

（四）为展示特定公共环境，不可避免地制作、使用、公开肖像权人的肖像；

（五）为维护公共利益或者肖像权人合法权益，制作、使用、公开肖像权人的肖像的其他行为。

**专家释法**

《民法典》的上述规定禁止任何主体侵犯他人的肖像权，主要列举了三种典型方式，即丑化、污损或者利用信息技术手段伪造。丑化是指通过艺术加工或者改造的方法，对他人肖像加以歪曲、诬蔑、贬低。污损是指将他人的肖像损坏或弄脏。利用信息技术手段伪造是指利用信息技术手段编造或捏造他人肖像，以假乱真，以达到利用不存在的事物来谋取非法利益。结合本案事实，薛某利用电脑技术合成自己与冰心的合影照片，该行为未获得肖像权人陆某的许可，擅自剪接了陆某的肖像，该行为即构成了《民法典》规定的利用信息技术手段伪造他人肖像。因此，法院判决薛某应当停止侵害陆某的肖像权，并赔偿相应的损失。

**特别提示**

在实践中应当注意，对于他人肖像的使用，须以肖像权人同意为前提，但是法律另有规定的除外。这里的法律另有规定主要是指《民法典》第一千零二十条规定的合理使用的五种情形。

## 案例 75. 使用肖像不能随意扩大范围

**案情回放**

某化妆品公司新近研究了一款新产品，该化妆品公司想找一位著名影星代言这款产品。经过了解与调研，最终确定演员马某。经过沟通，双方很快签订了《肖像许可使用合同》。许可合同约定，马某将肖像授权给该化妆品公司，指定使用在该公司的新款产品"魔幻面霜"的外包装上，合同期限为两年。该化妆品公司在支付了许可费用之后，便将马某的肖像使用在其网站的显著位置，并且在商场专柜的柜台门上都张贴着马某的肖像。马某的经纪公司认为某化妆品公司的行为违反了许可合同的约定，实际使用明星的肖像超过了合同约定的范围，而该化妆品公司则认为自己是依照合同的内容使用的。于是双方对于合同条款的理解发生了争议，马某遂提出解除肖像许可合同，要求该化妆品公司在两个月期满后，停止继续使用马某肖像。该化妆品公司认为在合同未到期时，马某无权解除合同。于是，诉请法院判令继续履行合同。

### 快问快答

问：本案中，马某是否有单方解除权？

答：有，《民法典》明确规定肖像权人有正当理由的，可以解除肖像权许可使用合同。

### 法律依据

**《民法典》第一千零二十一条** 当事人对肖像许可使用合同中关于肖像使用条款的理解有争议的，应当作出有利于肖像权人的解释。

**《民法典》第一千零二十二条** 当事人对肖像许可使用期限没有约定或者约定不明确的，任何一方当事人可以随时解除肖像许可使用合同，但是应当在合理期限之前通知对方。

当事人对肖像许可使用期限有明确约定，肖像权人有正当理由的，可以解除肖像许可使用合同，但是应当在合理期限之前通知对方。因解除合同造成对方损失的，除不可归责于肖像权人的事由外，应当赔偿损失。

### 专家释法

《民法典》第一千零二十一条和第一千零二十二条新增了肖像许合使用合同的规定。肖像许可使用合同是指肖像权人通过和他人签订合同的方式约定他人在特定期限、特定范围，以特定的方式使用自己的肖像。由于肖像许可使用合同涉及肖像权人的人格利益，因此合同中涉及的解释、解除等问题完全不同于普通的合同。在合同条款的解释方面，肖像许可使用合同中对合同条款有争议的，直接作出有利于肖像权人的解释；而普通合同则需要根据使用的词句，结合相关条款、行为的性质和目的、习惯以及诚信原则，确定争议条款的含义。在合同的解除方面，肖像许可使用合同中没有约定或者约定不明的，任何一方都可以在合理期限之前随时解除；约定了固定期限的，肖像权人有正当理由也可以单方解除合同。结合本案的事实，某化妆品公司与马某在对肖像许可合同约定的范围上存在争议，马某认为只有新产品才可以使用自己的肖像，但是某化妆品公司却将肖像使用到整个公司的柜台之上，俨然成了为整个公司代言。在这种情况下，依据《民法典》的规定，应按有利于马某的解释，认定某化妆品公司违约。在该化妆品公司违约的条件下，即便合同约定了固定期限，马某依然享有法定的单方解除权。因此，马某可以单方提出解除合同。

### 💡 特别提示

由于上述两条规定的内容系新增内容，因此还需要在实践中历经考验。在这里需要强调的是，对于肖像许可使用合同可以是有偿的，也可以是无偿的。在行使解除权时，应给予对方当事人一定的合理期限。另外，肖像权人因解除合同给对方造成损失的，除不能归责于肖像权人的事由之外，还应当赔偿相应的损失。

## 案例 76. 新闻报道"坏人坏事"不需承担民事责任

### 📹 案情回放

2013 年 12 月，陈某在某商报上刊登了征婚广告，罗某看到广告后，联系了陈某，两人相识后于 2014 年 10 月结婚。婚后，陈某并未停止征婚行为，继续与若干名通过报纸前来应征的女性保持密切交往，并因家庭琐事对罗某实施家庭暴力。2015 年，陈某提出离婚诉讼。罗某看清了陈某的真面目，希望媒体能够报道，也希望不要有别的女性上当了。罗某向某广播电视集团文化旅游频道提供了材料，该广播电视集团通过对罗某、陈某结识的其他几位女性，以及邻居的采访，认定陈某婚内征婚的事实，同时根据某人民法院刑事判决书中认定的家庭暴力事实，制作并播出了《我的丈夫在征婚》的节目。在节目中，对陈某进行了实名报道，并对陈某任职的单位名称以及具体地点进行了拍摄。整个节目以拍摄和采访的方式，报道了陈某与罗某从认识、结婚到离婚的过程，以及陈某家庭暴力和在婚内通过征婚结交女性并与她们交往的事实。节目播出以后，陈某的同事、朋友都对他颇有微词。陈某将罗某与某广播电视集团诉至法院，要求他们停止侵害自己的名誉权，并恢复名誉、消除影响、公开赔礼道歉，承担相应的精神损害赔偿。

### 快问快答

问：某广播电视集团的节目是否侵犯了陈某的名誉权？

答：不侵犯。

### 法律依据

《民法典》第一千零二十五条　行为人为公共利益实施新闻报道、舆论监督等行为，影响他人名誉的，不承担民事责任，但是有下列情形之一的除外：

（一）捏造、歪曲事实；

（二）对他人提供的严重失实内容未尽到合理核实义务；

（三）使用侮辱性言辞等贬损他人名誉。

### 专家释法

《民法典》的上述内容涉及如何处理新闻报道、舆论监督等行为与保护名誉权关系的问题。由于新闻报道、舆论监督是保障媒体监督权、公民知情权和维护社会公平正义的重要手段和方式，在实施新闻报道、舆论监督时，常常不可避免地影响到他人的名誉。因此，《民法典》规定原则上不承担民事责任，除非存在本条规定的三种特殊情况。结合本案的事实，《我的丈夫在征婚》报道所涉及的陈某和罗某的婚姻状况，素材来源主要依据对罗某及邻居朋友的采访，陈某实施家庭暴力的内容来自刑事判决书，有关陈某婚内征婚的报道来源于对几位应征女士的采访。整体看来，节目报道的内容基本属实，且在节目的制作过程中，某广播电视集团也尽到了基本的审查义务。因此，该节目通过反映家庭暴力和婚内征婚等社会热点问题警示社会大众，弘扬拒绝家庭暴力、构建和谐婚姻关系的正确导向，属于正常实施舆论监督的行为。而该节目使得陈某名誉受损是其自身行为不检点所致，因此，某广播电视集团与罗某不承担侵权责任。

### 💡 特别提示

关于本项内容，在之前的法律规定中并没有相应的内容。在实践中应特别注意新闻报道要做到真实，评论也应当尽量客观公正，并且不可以使用侮辱性语言进行评论。否则将会面临承担侵权责任的可能性。

## 案例 77. 不可借文学创作之名，损害他人名誉

### 🎬 案情回放

张某是一名作家，受某出版社委托要为杨某撰写传记。张某在与杨某的采访接触过程中，对杨某产生怨恨，曾扬言要写小说报复杨某。不久，张某便写了一篇长篇小说，在某文学杂志上进行了发表。该小说的主人公采用了杨某很多独有的特征和事迹，使了解杨某的人一看就知道写的是杨某。但是，里面有两个情节是虚构的。一个是主人公的妻子因不满没有爱情的婚姻，与他人通奸，后被主人公撞见。主人公为保住名誉，宁愿蒙受耻辱，也不愿离婚，后妻子投江自杀。另一个是主人公的儿子厌恶父亲只顾名誉不顾一切的行为，决心与其父决裂，并用自残来表达这种不满。小说发表之后，引起了社会上的舆论轰动，杨某看到之后气得手脚发抖、血压升高；杨某妻子拿着农药要找张某还她清白；杨某的儿子原本就患有抑郁症，看了以后病情加重，几度要自杀。杨某夫妇对张某提起诉讼，认为他借用写小说的名义，捏造事实，侵害自己的名誉。

### 快问快答

问：张某是否应当承担侵权责任？

答：应当承担侵权责任。

### 法律依据

**《民法典》第一千零二十七条** 行为人发表的文学、艺术作品以真人真事或者特定人为描述对象，含有侮辱、诽谤内容，侵害他人名誉权的，受害人有权依法请求该行为人承担民事责任。

行为人发表的文学、艺术作品不以特定人为描述对象，仅其中的情节与该特定人的情况相似的，不承担民事责任。

### 专家释法

《民法典》的上述规定是关于文学创作中可能产生名誉侵权问题的规定。本条第一款针对以真人真事或特定人为描述对象的文学作品中，对被描述的对象通过捏造事实等方式进行侮辱、诽谤的，应当依法承担民事责任。第二款针对行为人发表的文学、艺术作品不以特定人为描述对象的情形，即便内容中的情节有点相似，也不构成侵权。这样规定既保护了文学创作的自由，也对其涉及他人权益时进行了合理的限制。结合本案事实，张某的长篇小说让人看到就知道是以特定人物为基础而创作的，但是在内容上，又有虚构和捏造的事实，造成杨某社会评价的降低。根据《民法典》的规定，张某的行为构成对杨某名誉权的侵害，应当依法承担相应的责任。

### 特别提示

对于文学创作与名誉侵权的规定在之前的司法解释中有所涉及，但一直未在法律规定中出现，此次系《民法典》新增修改内容。这里还需要注意的是，文学作品以真人真事或特定人为描述对象，要求必须对外公开发表，对于未向第三人公开的情形下，不涉及损害名誉权。

## 第四编 人格权

### 案例 78. 新闻报道中的错误必须更正，否则可能侵权

**案情回放**

某市公安局在破获一起抢劫案的过程中，将路人何某一并与其他犯罪嫌疑人拘留。经审查，何某未参与抢劫，该公安局于 8 月 4 日中午将何某释放。公安局与何某就错误抓捕行为导致的损害达成了和解协议。在何某被关押在看守所期间，市广播电视台应市公安局的邀请，将此次破案行动作成新闻并在电视上播放，使得何某身边的许多人都看到了，并纷纷议论何某的为人。何某知道后，请求市广播电视台发布更正消息，广播电视台回复何某说，上次的新闻属实并拒绝更正。何某认为广播电视台的行为造成了自己名誉权的损害，故诉至法院。

**快问快答**

问：某市广播电视台是否构成了侵犯名誉权的行为？

答：拒不更正不实报道的行为构成侵犯名誉权。

**法律依据**

《民法典》第一千零二十五条　行为人为公共利益实施新闻报道、舆论监督等行为，影响他人名誉的，不承担民事责任，但是有下列情形之一的除外：

（一）捏造、歪曲事实；

（二）对他人提供的严重失实内容未尽到合理核实义务；

（三）使用侮辱性言辞等贬损他人名誉。

《民法典》第一千零二十八条　民事主体有证据证明报刊、网络等媒体报道的内容失实，侵害其名誉权的，有权请求该媒体及时采取更正或者删除等必要措施。

**专家释法**

《民法典》上述规定是关于媒体报道内容失实侵害名誉权的补救规定。由于现今网络等媒体的报道具有传播速度快、传播范围广、传播影响大等特点，一旦报道失实将会给权利人造成严重的后果。能够创造权利人及时

切断传播的途径显得尤为重要。因此,《民法典》规定,在民事主体有证据证明报道失实时,即享有了请求更正或删除的权利。这时,报刊、网络等传播主体或平台拒不更正不实消息的,则构成了对民事主体人格权的侵害。结合本案的事实,某广播电视台接受市公安局委托并提供的材料进行的新闻报道,不构成侵权。但是,当市公安局与何某达成和解协议,这一事实可以说明新闻报道所依据的职权行为已经公开纠正了,此时,市广播电视台负有更正报道的义务。最终,法院判令市广播电视台限期更正之前的失实报道。

### 特别提示

根据本条规定,民事主体在有证据的情况下可以直接要求媒体更正或删除,也可以直接请求人民法院责令其限期更正或删除。需要注意的是,直接要求媒体更正并不是申请法院责令其更正的前置程序。另,还可依据《民法典》第一千零二十五条的具体规定要求新闻媒体承担民事责任。

## 案例 79. 征信记录有异常,银行不是"一言堂"

### 案情回放

陈某手中持有多张银行的信用卡。2015 年 9 月 4 日,陈某在接到 A 银行的对账单后,发现了异常情况。对账单显示 2015 年 8 月 11 日在山东某县发生了一笔交易,金额为 1.3 万元。但是陈某并未去过山东某县,于是当日向 A 银行客服热线反映情况,银行告知其 POS 机签购单签名为"宋某"。陈某未开通该信用卡的短信提醒功能,所以没能在第一时间获知此笔交易的情况。9 月 4 日,陈某及时与客服反映之后,因需前往外地出差,于 9 月 6 日返回上海,9 月 7 日向当地公安局报案。由于陈某与 A 银行就该笔交易存在争议,陈某当月就没有按银行指定的期限还款。银行在第二个月将该信用卡停用,并向征信系统报送了陈某的不良信用记录。陈某认为自己的信用卡被盗刷,是银行系统存在漏洞所致,与自己无关,便诉至法院要求该银行恢

## 第四编 人格权

复信用卡的使用并撤销征信记录。

### 快问快答
问：陈某可否要求银行撤销征信记录？

答：可以要求。

### 法律依据
《民法典》第一千零二十九条　民事主体可以依法查询自己的信用评价；发现信用评价不当的，有权提出异议并请求采取更正、删除等必要措施。信用评价人应当及时核查，经核查属实的，应当及时采取必要措施。

### 专家释法
《民法典》上述规定是对于信用评价的规定。对于征信记录，通常情况下，我们会认为是不可更改的，而实际上信用评价是银行等信用评估机构对借款人等民事主体的信用情况进行评估的一种活动。信用评价对一个民事主体的名誉影响巨大，信用评估机构在进行评价时应当履行高度的注意义务，审慎、尽责、客观公正地进行信用评价。因此，《民法典》赋予民事主体依法查询的权利，发现信用评价不当的，有权请求更正、删除。而对于信用评价人则应当对民事主体的证据进行核查，以采取必要的措施。在此需要说明的是，信用评价机构须是依法成立的、具备一定条件的机构。结合本案事实，陈某居住地在上海而非山东，签购单上签名为"宋某"，因陈某未开通短信提醒功能而未能及时发现该笔交易，但是陈某在收到对账单后已经向 A 银行提出异议，之后也向公安机关报案。以上种种事实表明，陈某有一定的证据对交易提出异议。A 银行应当对其异议进行审查，以查明交易的真实行为人，而不是仅依据陈某未按时还款而将其记入不良征信记录。最终，法院判令 A 银行停止侵害，限期内撤销不良信用记录。

### 特别提示
在实践中，对于判断信用评估机构是否应承担民事责任，关键是看信用评估机构对形成不当信用评价是否有过错。如本案中，陈某及时将非自己交易的对账单上显示的金额对 A 银行提出了异议，A 银行未做任何审查，却将陈某列入了不良信用记录，主观上存在过错。

## 案例 80. 超出合理限度安装摄像头会侵害他人隐私权

**案情回放**

张某与潘某系邻居，两人的住所左右相邻，室外有一个公用的阳台。一天，张某发现潘某在房屋门外上方及阳台上方外墙处各安装了一个监控摄像头，与其家中的电脑相连。摄像头的监控范围还包括了张某的阳台外侧，这使得张某在公用区域的进出以及晾衣服等情况都能被看到。因此，张某总觉得有人通过摄像头在偷窥自己，心里相当不舒服。通过向居委会反映，均不能使潘某拆除摄像头，遂诉至法院，请求保护自己的隐私权，判令潘某拆除摄像头。

**快问快答**

问：潘某安装摄像头是否侵犯了张某的隐私权？

答：是的，半公共空间也存在隐私。

**法律依据**

《民法典》第一千零三十二条　自然人享有隐私权。任何组织或者个人不得以刺探、侵扰、泄露、公开等方式侵害他人的隐私权。

隐私是自然人的私人生活安宁和不愿为他人知晓的私密空间、私密活动、私密信息。

《民法典》第一千零三十三条　除法律另有规定或者权利人明确同意外，任何组织或者个人不得实施下列行为：

（一）以电话、短信、即时通讯工具、电子邮件、传单等方式侵扰他人的私人生活安宁；

（二）进入、拍摄、窥视他人的住宅、宾馆房间等私密空间；

（三）拍摄、窥视、窃听、公开他人的私密活动；

（四）拍摄、窥视他人身体的私密部位；

（五）处理他人的私密信息；

（六）以其他方式侵害他人的隐私权。

**专家释法**

《民法典》首次将隐私权直接在法律规定中给予直接的保护。明确隐私权包括三个方面，即隐私享有权、隐私维护权、隐私公开权。那么，弄清什么是隐私才是保护隐私权的前提和基础。本条第二款给出了明确答案，隐私就是私人生活安宁和私密空间、私密活动、私密信息。实际上就是自然人对于自己的事物或者状态，主观上内心不愿为他人所知或不愿被他人干扰的一种状态。本案中，潘某安装的摄像头监控范围属于半公共区域，该区域与张某的日常生活有密切的联系。潘某的摄像头长时间有计划、有目的地注视着张某日常生活的一部分，张某对于哪些部分可能会被公众知悉已经很难控制，由此张某就丧失了把自己的哪些活动公示于众的选择权。而对于潘某的摄像头所记录保存的信息很可能最终会造成对张某生活安宁的破坏。因此，潘某应当将摄像头拆除。

**特别提示**

在这里需要特别注意的是，隐私权的享有主体为自然人，对于法人、非法人组织等的机密文件等需通过《反不正当竞争法》来进行保护。另外，关于禁止从事的侵害他人隐私权的主要行为详见《民法典》第一千零三十三条。

## 案例81. 卖机票的网站不可随意处理买票人信息

**案情回放**

庞某委托朋友鲁某代自己在某网络售票平台购买了一张2018年10月14日某航空公司的机票。订票成功后，该网络售票平台给鲁某的手机号上发送了一条已经出票的消息，同时还发送了一条提醒短信："尊敬的用户，温馨提醒您，警惕以飞机故障、航班取消为诱饵的诈骗短信，请勿拨打短信中的电话……"2018年10月13日，庞某的手机号收到4008开头的号码发来的短信："……您预订2018年10月14日的航班因机械故障已取消，请收到信息后及时联系客服办理改签业务，以免耽误您的行程，服务热线4008×××（注：改签乘客需要先支付20元改签手续费，改签成功后每位乘客额外得到补偿200元）。"上述号码来源不明，只发给了庞某却未发给预订机票的鲁某。鲁某经与该航空公司官方客服核实，客服人员确认该次航班正常，并提示庞某收到的短信应属诈骗短信。2018年10月14日当天，航空公司客服官方号码向庞某发短信通知该航班因故障延误，当时是晚上19时。庞某认为某航空公司、网络售票平台将自己的个人信息非法泄露，才使得不法分子掌握了自己的订票信息以及行程，进而发送诈骗信息。庞某以两公司的行为侵犯了自己个人信息为由诉至法院，请求赔礼道歉。

### 快问快答

问：庞某的个人信息有没有受到侵犯？

答：个人信息被非法泄露构成侵权。

### 法律依据

《民法典》第一千零三十五条　处理个人信息的，应当遵循合法、正当、必要原则，不得过度处理，并符合下列条件：

（一）征得该自然人或者其监护人同意，但是法律、行政法规另有规定的除外；

（二）公开处理信息的规则；

（三）明示处理信息的目的、方式和范围；

（四）不违反法律、行政法规的规定和双方的约定。

个人信息的处理包括个人信息的收集、存储、使用、加工、传输、提供、公开等。

### 专家释法

《民法典》此条规定了处理个人信息应当遵循的原则。个人信息是自然人主体有一定载体的具有识别性的信息，比如姓名、身份证号码、健康信息、

## 第四编 人格权

行踪信息等。对于个人信息的处理应当合法、正当、必要。合法是指信息处理者处理个人信息应当有合法的依据，方式符合法律的规定。正当是指信息处理的目的和手段要正当，应当尊重公序良俗，遵守诚实信用原则，并且尽量使信息主体充分地了解情况，自主行使自己的权利。必要是指处理个人信息的目的应当特定，处理应当受限制。限制的第一个条件就是须征得自然人同意，除非法律法规另有规定。结合本案的事实，鲁某在为庞某订机票的时候，根据要求提供了庞某的姓名、出生年月、身份信息，以及订票行程要求等个人信息。这时，某网络售票平台、某航空公司即成了信息处理人。也就是说，这两个机构掌握了庞某的上述个人信息，但是未经庞某本人同意，将信息非法泄露给第三方用于发送诈骗信息。该行为违反了《民法典》中关于处理个人信息的规定，构成侵犯他人个人信息的行为，应当依法承担相应的责任。

### 特别提示

关于个人信息的保护，《民法典》在之前法律条文的内容基础上进行了修改和补充。特别提示一点，个人信息不完全等同于隐私，个人信息强调识别性，隐私强调私密性；隐私的范围要远大过于个人信息，但是两者又有重合；实践中，对隐私的保护力度要强于对个人信息的保护力度。

第五编

# 婚姻家庭

# 内容概要

我国的婚姻家庭法律制度始建于 1950 年，《民法典》之前的婚姻家庭关系由 2001 年修改的《婚姻法》和 1998 年修改的《收养法》来调整。《婚姻法》和《收养法》实施以来，对于维护平等、和睦、文明的婚姻家庭关系，保护合法的收养关系发挥了重要的作用。但是，随着社会经济文化的发展，社会的主要矛盾也在发生着重大的变化，尤其是在婚姻观念和家庭关系中，变化非常大。婚姻家庭关系是基于两性关系、血缘关系和扶养关系而形成的人与人之间的关系。血缘关系不仅包括自然血缘关系，还包括法律拟制血亲的血缘关系。根据婚姻家庭关系和血缘关系的特性，结合现实中出现的新情况，为弘扬夫妻互敬、尊老爱幼、家庭和睦的中华民族传统美德，促进婚姻家庭关系的和谐稳定，《民法典》重整设立婚姻家庭编，以之前的《婚姻法》和《收养法》为基础，结合现实发展的需要，修改了部分规定，也增加了一些新的规定。本编共有五章，79 个条款。

第一章主要是在现行《婚姻法》的基础上，进一步强调了婚姻自由、一夫一妻、男女平等基本原则和准则。对于加强家庭文明建设，树立优良家风，弘扬家庭美德等方面进行了完善。在近亲属的基础上，**增加**了亲属的范围，包括配偶、血亲和姻亲，同时明确共同生活的配偶、父母、子女和其他共同生活的近亲属为家庭成员。**强调**了收养应以最有利于被收养人为原则。

第五编　婚姻家庭

第二章是对结婚的具体规定。婚姻是两性的结合，通常需要两方面要素的一致性，即主观方面需要自愿，客观方面具有缔结行为。除了沿袭之前的主要内容之外，对相关的规定也做了一些修改：将受胁迫一方请求撤销婚姻的时间起算点由原来的"自结婚登记之日起"**修改**为"自胁迫行为终止之日起"，这样更有利地保护了受胁迫一方有效行使撤销权。另外，**删除**了"患有医学上认为不应当结婚的疾病"作为禁止结婚的情形，增加了"对于一方在婚前隐瞒重大疾病的，另一方可以请求撤销"的规定。同时，对于故意实施胁迫和隐瞒行为的行为人，增加了损害赔偿的义务——婚姻无效或被撤销的，无过错方有权请求损害赔偿。

第三章家庭关系中主要是关于夫妻关系以及父母子女和其他近亲属关系的具体规定。在夫妻关系中，主要是对夫妻地位、夫妻姓名权、人身自由权、对子女的权利义务、相互扶养义务、日常家事代理权、相互遗产继承权，以及共同财产、个人财产的范围，以及对共同债务的界定，约定财产制和婚内财产等方面做了明确具体的规定。在父母子女关系以及其他近亲属关系中，对于父母与子女之间的权利义务，非婚生子女的法律地位、继父母与继子女、亲子关系异议救济、祖父母、外祖父母与孙子女、外孙子女之间的抚养与赡养义务，兄弟姐妹之间的扶养与赡养义务等都做出了明确的规定。在此章中，**新增**亲子关系确认之诉，适应了社会中出现的新问题。

第四章在之前《婚姻法》及相关司法解释的基础上，结合近年来离婚率不断增长的现象，为了维护家庭关系的稳定，**新增**了离婚冷静期。提交离婚登记申请后三十日为离婚冷静期，在此期间内，任何一方反悔，都可以提出撤回离婚的申请。同时，增加了对于第一次法院判决不予离婚的当事人，如果又分居满一年的，应当准予离婚。另外，关于离婚后子女的抚养问题，将"哺乳期内的子女，以随哺乳的母亲抚养为原则"改为"不满两周岁的子女，以由母亲直接抚养为原则"，这一修改解决了实践中对哺乳期具体时间的认定困难，结合子女的实际情况直接确定了两周岁的时间节点，更具科学性。还增加了夫妻一方有其他重大过错导致离婚的，另一方有权请求损害赔偿。

在第五章对收养关系的规定中，吸收了《收养法》的相关规定，对于一些不能完全适应形势发展要求的规定，根据新情况、新问题，对收养制度出现的新要求，《民法典》进行了相应的修改。在被收养人年龄范围方面，由十四周岁放宽至十八周岁。同时，为了与国家计划生育政策的调整相适应，将只有一名子女的人也列为收养人。另外，也为了严格落实以最有利于被收养人的原则，在收养人的限定条件中增加了"无不利于被收养人健康成长的违法犯罪记录"，并增加了民政部门的收养评估，以最大程度减少对被收养人侵害的可能性。

# 第五编　婚姻家庭

## 案例 82. 遭遇家庭暴力要积极寻求法律保护

### 案情回放

李某与张某于 2005 年 5 月登记结婚。婚后不久，丈夫张某便经常对李某打打骂骂。2006 年 3 月的一天晚上，张某在外喝酒回来，与李某一言不合，对其大打出手。李某第二天便回到自己娘家居住。后张某多次去岳母家认错，李某父母认为两口子打打闹闹很正常，就让女儿跟着张某回家了。之后几年，张某有所收敛，直到 2016 年 10 月份，当时二人已经有了一个八岁的儿子张小某。一天，在李某正在辅导张小某做功课，张某又醉酒回来，大声敲门，李某迟迟不想去开门，张小某就自己跑去给张某开门，谁知张某一进门拎起张小某就打，李某去劝，张某放下张小某，转身就对李某一顿毒打，后经鉴定为轻微伤。李某带着张小某搬出去在外独自居住，张某经常过去骚扰、辱骂。于是李某便诉至法院，请求法院裁定禁止张某的暴力行为。

### 快问快答

问：法院会作出保护李某和张小某的人身安全的裁定吗？

答：会的。

### 法律依据

**《民法典》第一千零四十二条**　禁止包办、买卖婚姻和其他干涉婚姻自由的行为。禁止借婚姻索取财物。

禁止重婚。禁止有配偶者与他人同居。

禁止家庭暴力。禁止家庭成员间的虐待和遗弃。

### 专家释法

根据《民法典》的规定，家庭成员之间应当禁止家庭暴力。另据《反家庭暴力法》第二十三条、第二十七条的相关规定，对于因遭受家庭暴力或者面临家庭暴力的现实危险的，可以向人民法院申请人身安全保护令，人民法院应当受理。结合本案的事实，张某对李某经常性的殴打、辱骂，造成李某的生活环境长期处于紧张状态下，同时张某不仅对李某还对孩子同样出手打骂，对未成年人的成长造成了严重的影响。尽管李某带着孩子独自出去居住，仍然摆脱不了张某的这种暴力行为。根据上述法律规定，李某可以请求法院出具人身安全保护令。事实上，该案中张某在收到法院出具的禁止骚扰李某的裁定之后，仍然实施骚扰行为，李某申请法院强制执行，法院给予张某训诫，张某保证不再去骚扰李某。

**特别提示**

本案中涉及的是比较典型的传统式夫妻相处模式，以及对受暴力困扰的妇女如何保护的问题。这类案件的处理方式与伤情的轻重有关，如果受伤害的情况达到轻伤以上，则有可能构成刑事的故意伤害罪；如果受伤情况未达到轻伤，但又确实造成了当事人身心困扰的，则可以依据相关法律请求人身安全保护令。当然在实践中，由于《反家庭暴力法》2016年3月1日才开始正式实施，这条路径还不成熟，各地的适用也有较大差异。

### 案例83. 老父欲再婚，儿子偷藏户口本的行为合法吗？

**案情回放**

老田妻子早年去世，留有一个儿子田小某。因老田考虑孩子的成长，所以没有再婚。二十几年来，老田独自一人含辛茹苦地把田小某拉扯大。田小某成年之后落户城里，由于工作繁忙很少回去看望老田。孤单一人的老田感到非常寂寞，缺少温暖。后经人介绍，老田认识了单身的王大妈，两位老人互有好感，愿意结伴共度晚年。田小某得知之后，表示不同意。为了防止老田与王大妈偷偷登记结婚，田小某趁老田不备把他的身份证和户口本都藏了起来。老田非常难过，在多次索要无果的情况下，老田把田小某告上法庭，请求保护自己的婚姻自由，要求田小某返还自己的身份证和户口本。

**快问快答**

问：田小某是否可以阻止老田再婚？

答：不可以，老年人的婚姻自由同样受法律保护。

## 第五编 婚姻家庭

### 法律依据

**《民法典》第一千零四十六条** 结婚应当男女双方完全自愿,禁止任何一方对另一方加以强迫,禁止任何组织或者个人加以干涉。

**《民法典》第一千零六十九条** 子女应当尊重父母的婚姻权利,不得干涉父母离婚、再婚以及婚后的生活。子女对父母的赡养义务,不因父母的婚姻关系变化而终止。

### 专家释法

根据《民法典》的相关规定,婚姻自由是法定权利,任何组织或个人不得以任何借口加以干涉。随着生活水平的提高,人们对生活质量也有了更高的追求。追求婚姻幸福不仅限于年轻人群体,对处于人生黄昏期的老年人来说更是如此。对于老年人的婚姻自由,不仅《民法典》进行了明确的规定,《老年人权益保障法》也明确规定老年人的婚姻自由受法律保护。子女或者其他亲属不得干涉老年人离婚、再婚及婚后生活。本案中,老田年轻时为了田小某的健康成长,牺牲对婚姻生活的追求,当田小某成年离开自己身边时,老田的精神感受到异常的孤独是可以理解的。田小某对此感到不解,是因为他忽视了父亲对感情和温暖的渴求。田小某在观念上也没有意识到自己的这种干涉实际上侵犯了老田的婚姻自由权。因此,老田诉至法院请求保护的时候,自然会得到法院的支持。

### 特别提示

自新中国成立以来,虽然婚姻自由这一权利一直都存在,但破坏婚姻自由的案例至今仍然时有发生。案例类型也从娃娃亲、换亲等侵害形式发展为对老年人婚姻自由的侵害。因此,我国《宪法》《民法典》《未成年人保护法》《老年人权益保障法》等多部法律都对婚姻自由进行了多重保护。

## 案例 84. 被不雅照片威胁而结婚，该婚姻是否可以请求撤销？

**案情回放**

2015 年 5 月，祝某与小唐在一网络聊天室里相识，感觉非常投机，决定相约线下见面。第一次见面，祝某就被小唐靓丽的外表所吸引，便不断地向小唐示好。相处一段时间后，祝某突然对小唐提出结婚请求，小唐觉得两人性格不适合，且自己年龄较小，便拒绝了祝某。祝某觉得不使点儿手段搞不到小唐，又想到在相处的过程中祝某得知小唐的父母十分严厉，小唐非常惧怕他们。于是 2016 年 3 月的一天，祝某邀请小唐吃饭，席间要了一瓶酒，明知小唐不胜酒力，一再强劝小唐喝下，导致小唐烂醉。等小唐醒来时，她才知道祝某偷偷拍下了她的裸照。祝某说，小唐如果不答应跟他结婚，就把照片发给她的父母以及发到网上让她的同学都看到。迫于无奈，把名誉看得很重又惧怕父母的小唐于 2016 年 4 月 29 日与祝某登记结婚。婚后，祝某原形毕露，恶习不改，小唐想解除与祝某的婚姻关系，便于 2017 年 2 月诉至法院。

**快问快答**

问：法院是否会撤销小唐的婚姻？

答：是的，只要在胁迫行为终止之日起一年内提出即可。

**法律依据**

《民法典》第一千零五十二条 因胁迫结婚的，受胁迫的一方可以向人民法院请求撤销婚姻。

请求撤销婚姻的，应当自胁迫行为终止之日起一年内提出。

被非法限制人身自由的当事人请求撤销婚姻的，应当自恢复人身自由之日起一年内提出。

**专家释法**

根据《民法典》的相关规定，受胁迫与他人登记结婚的为可撤销婚姻，当事人在胁迫行为终止之日起一年内；或如果在被非法限制人身自由期间受

## 第五编　婚姻家庭

胁迫与他人结婚的，自恢复人身自由之日起一年内均可向法院提出撤销婚姻。本条规定意在充分保护婚姻自由。受胁迫而形成的婚姻本质上侵犯了当事人的婚姻自由权，又由于现实中受胁迫而形成的婚姻的当事人受客观条件限制很难去实现撤销权。因此，《民法典》规定了当事人可以在一年内申请撤销。本案中，小唐原本是拒绝祝某的结婚请求的，而后祝某由于相处过程中掌握了一些小唐的弱点，故意将其灌醉，并拍下裸照，以散布裸照相要挟，使小唐与自己结婚。构成胁迫婚姻，小唐在与祝某生活未满一年时提出撤销请求，法院予以支持。

### 特别提示

在撤销受胁迫婚姻的案件中，尤其要注意时间问题。《民法典》规定是一年内，这一规定有时会显示有些残酷，但在维护婚姻稳定方面也起到了积极的作用。因此，如果受胁迫而结婚，一定尽早想清楚是否想要撤销，如果错过一年的可撤销期，则有可能直接适用离婚程序。

## 案例 85. 婚后发现对方隐瞒重大疾病的，应当如何是好？

### 案情回放

2015 年 3 月，小李与邵某在他人介绍下相识，那时小李 29 岁，邵某 33 岁。平时，双方的父母都比较着急各自的婚事。经过一两个月的相处，两人都认为对对方已经有了初步的了解，在双方父母的催促下，认识三个月后双方闪婚。2015 年 10 月，两人外出购物。购物过程中，邵某与人发生口角，情绪非常激动，突然浑身痉挛、面色铁青、口吐白沫倒在地上。小李吓坏了，不知道怎么回事，立即拨打了急救电话。把邵某送到医院检查，小李才得知邵某患有先天性癫痫病。小李不能接受这一事实，诉请法院撤销婚姻。

### 快问快答

问：小李的诉求能否得到法院的支持？

答：能得到支持，需要在知道或者应当知道撤销事由之日起一年内提出。

### 法律依据

《民法典》第一千零五十三条　一方患有重大疾病的，应当在结婚登记前如实告知另一方；不如实告知的，另一方可以向人民法院请求撤销婚姻。

请求撤销婚姻的，应当自知道或者应当知道撤销事由之日起一年内提出。

### 专家释法

根据《民法典》的规定，结婚的一方当事人应当如实告知对方自己的身体健康情况，尤其是患有重大疾病的，如不如实告知，另一方可以请求法院撤销婚姻。由于实践中结婚登记之前不再强制要求进行健康体检，只是要求如实告知健康情况，很多人就不如实告知，导致另一方婚后发现对方患有疾病却只能深陷其中，无法解脱。因此，《民法典》在起草的时候就添加了这样一条新的规定。本案中的小李就是受害者之一，邵某在与小李进行结婚登记之前并未如实告知自己患有癫痫疾病的事实，小李在结婚后四个月左右就发现了这一问题，于是决定诉请法院撤销该婚姻，这是应当得到法院支持的。在这里再强调一下，此处的撤销权也和受胁迫撤销婚姻一样，有一年的期限限制。

### 特别提示

《民法典》里规定了患有重大疾病，但是并未明确什么样的疾病属于重大疾病，结合之前的法律规定，一般"严重遗传性疾病""指定传染病""有关精神病"等均可认定为重大疾病。另外，病情严重、治疗花费巨大、不易治愈的疾病均可被认定为重大疾病。

## 案例 86. 婚姻被认定无效或者被撤销后，财产和债务如何处理？

### 案情回放

马某与虎某于 2005 年 4 月 19 日在双方父母的主持下举行了结婚仪式，虎某的父亲和马某的母亲是同胞兄妹，马某与虎某属三代以内的旁系血亲。2006 年 12 月，生育一女马小某。虎某在结婚时陪嫁了一些字画，两人婚后

## 第五编　婚姻家庭

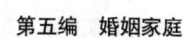

共同购买了一套商品房。由于虎某是先天的聋哑人，双方性格不合，交流不畅，经常为家庭琐事争执。现虎某诉请法院认定与马某的婚姻为无效婚姻，并把自己陪嫁的东西拿回，平均分割婚后共同购置的房产。

### 快问快答
问：虎某的诉求是否能得到法院的支持？
答：能得到支持。

### 法律依据
**《民法典》第一千零四十八条**　直系血亲或者三代以内的旁系血亲禁止结婚。

**《民法典》第一千零五十四条**　无效的或者被撤销的婚姻自始没有法律约束力，当事人不具有夫妻的权利和义务。同居期间所得的财产，由当事人协议处理；协议不成的，由人民法院根据照顾无过错方的原则判决。对重婚导致的无效婚姻的财产处理，不得侵害合法婚姻当事人的财产权益。当事人所生的子女，适用本法关于父母子女的规定。

婚姻无效或者被撤销的，无过错方有权请求损害赔偿。

### 专家释法
本案的焦点问题是婚姻宣告无效后财产如何分割的问题。根据《民法典》的相关规定，直系血亲以及三代以内的旁系血亲结婚属于无效婚姻。案中马某与虎某系三代以内的旁系血亲，依法禁止结婚。据此，虎某可以申请法院认定婚姻无效。婚姻无效是指男女双方虽然已经进行结婚登记，但是由于欠缺婚姻成立的有效要件而不具有法律效力的婚姻。根据《民法典》的相关规定，同居期间所得的财产应当协商处理，协商不成的，根据照顾无过错方的原则判决。如果有证据证明财产系一方所有，归原所有方；无证据证明的，按共有财产进行分割。因此，虎某的请求认定婚姻无效的证据可以得到支持。对于其共同生活期间所获得的财产，应本着公平的原则除了归马某或者虎某一方所有的外，平均分配。

## 特别提示

在实践中,对于婚姻被判决无效或者被撤销后,除了会涉及像案例中财产分割的问题,还会涉及婚后债权、债务的承担问题。对于婚后的债权、债务的处理原则也可参照以上原则进行处理,即属于一方的债权、债务由其自行承担,用于共同生活的由双方共同承担。

### 案例 87. 妻子年老生活陷入困境,丈夫是否仍可继续在外逍遥?

**案情回放**

毛某与赵某于 1969 年结婚,婚后两人育有两个儿子,毛大和毛二,现均已经成家立业。多年来,毛某以打工为借口一直长居外地,毛某的母亲和两个儿子都由赵某一人照顾。毛某不仅对家里老小照顾较少,对赵某更是缺少夫妻之间的扶助义务。随着赵某年纪的增长,体力和精力越来越差,生活来源也逐渐减少。不料,2013 年赵某得了胃病,需要住院做胃切除手术。而毛某只是在得知赵某住院的时候到医院看了一眼,随后又只身离开,不见踪影。毛大、毛二均已成家,家庭负担非常重,赵某不愿意儿子们为了自己的病情为难。赵某知道毛某每月能拿到将近 2000 元的退休费,却从来不给自己花。一气之下,她把毛某告上法庭,要求毛某每月给付扶养费 1000 元。毛某称儿子可以养活赵某,自己没有必要给赵某生活费。

**快问快答**

问:法院是否会判令毛某给付赵某扶养费?

答:是的,夫妻之间有法定的扶养义务。

**法律依据**

《民法典》第一千零五十九条 夫妻有相互扶养的义务。

需要扶养的一方,在另一方不履行扶养义务时,有要求其给付扶养费的权利。

## 第五编 婚姻家庭

### 专家释法

根据《民法典》的上述规定可知,夫妻之间相互扶助的义务系法定义务,具有法律的强制性。有扶养能力的一方,对于因年老、患病等原因没有固定收入、缺乏生活来源的另一方,必须主动履行扶养义务。结合本案事实,赵某从年轻时就自己挣钱养活儿子和毛某的母亲,当她年老了、生病了,毛某就需要依法履行法定的扶养义务。法院在审理该案过程中,还阐述赵某虽有成年子女,子女也确实有赡养父母的责任,但是这不能成为免除夫妻之间相互扶养义务的理由。因此,法院判令毛某每月支付退休金的一半给赵某作为扶养费。

### 特别提示

实践中,由于时代的发展变化,有一些夫妻还会约定双方之间财务独立,且相互之间不具有扶养义务,这种约定基本属于无效约定,当真的发生一方患有重病时,另一方仍负有法定的扶养义务。并且,在实际处理夫妻相互扶养问题上,也更注重保护女方的合法权益。

## 案例 88. 八年前夫妻一方签订的《房屋买卖合同》,现在另一方是否可以未在合同上签字而不履行过户义务?

### 案情回放

2000 年,路某与林某签订一份《房屋买卖合同》,合同的标的是路某与妻子王某共有的,但是仅登记在路某个人名下的一套三居室。合同约定房屋价款为 16 万元,房屋的更名费由林某负担。合同签订的当天,林某便用银行转账的方式付清了全款,路某也将房屋的权属证书交给林某。两个月后,路某一家搬出,将房屋实际交付给林某使用。但是,直到 2008 年,林某多次联系路某要求其履行房屋转让更名手续,路某先是以种种理由拖延,后又称房子是其夫妻共有的,只有他一个人签的合同应当无效。无奈之下,林某诉至法院,请求法院判令路某协助其办理过户手续。

### 快问快答

问：本案中路某称其妻子未签字而导致合同无效的理由是否成立？

答：不成立。

### 法律依据

《民法典》第一千零六十条　夫妻一方因家庭日常生活需要而实施的民事法律行为，对夫妻双方发生效力，但是夫妻一方与相对人另有约定的除外。

夫妻之间对一方可以实施的民事法律行为范围的限制，不得对抗善意相对人。

### 专家释法

《民法典》的上述规定实际是对日常家事代理权进行了明确，该条款由《民法典》实施之前的相关司法解释升华而来。所谓夫妻日常家事代理权是指夫妻因日常家庭事务与第三人做出一定的法律行为时，相互代理的权利。日常家庭生活涉及社会生活的方方面面，不可能事无巨细都要求夫妻双方共同出马才能实施，因此赋予夫妻双方日常家事方面互有代理权是方便婚姻生活的必然要求。本案中，路某所说房子系夫妻共有财产确实属实，但是，虽然路某的妻子未在买卖合同中签字，可房屋在签订合同后两个月即实际交付林某使用。此时，路某的妻子应当知道房屋已经转让的事实，并且在实际交付之后的八年内都没有提出路某是私自处置共有财产。因此，法院最终认定合同有效，并判决路某应在限期内办理过户手续。

### 特别提示

《民法典》的此条规定旨在保护社会生活的稳定性，以及在哪些情况下夫妻一方的行为对另一方自然有效，那就是在家庭日常生活需要的支出方面，比如正常的衣食消费、日用品购买、子女抚养教育、老人赡养等方面。由于本案涉及的财产是房屋，故稍有些特殊性。本案中，如果路某的妻子在交付房屋时就提出异议，则很有可能合同会被认定为无效。

## 第五编 婚姻家庭

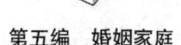

### 案例 89. 丈夫意外残疾，离婚时妻子能分割丈夫的人身损害赔偿金吗？

**案情回放**

2010年，方某与黄某经人介绍相识，不久便确立了恋爱关系。2011年5月，相处一年左右的方某与黄某登记结婚。黄某的舅舅孤身一人，身患重病，一直由黄某照顾。婚后，黄某依然不辞辛苦地照顾着舅舅的生活起居，黄某舅舅就写了一份遗嘱，指定黄某系其财产的唯一继承人，并经过公证处公证。2013年，黄某舅舅去世，留给黄某存款20万元和一套房产。2014年6月的一天，黄某驾车去家附近的加油站加油，不料加油站意外发生油品泄漏爆炸，造成黄某左面部严重烧伤，经过医治，医生说很难治愈，需要经过多次后续治疗进行改善。该加油站给予黄某人身损害赔偿款120万元。方某在医院里见到黄某现在的样子吓了一跳，待黄某出院，方某也不敢直视黄某的脸，且对黄某的态度也越来越恶劣。方某觉得自己没有办法和黄某继续生活了。2014年年底，方某向法院提出离婚诉讼，请求判令离婚，并分割婚后获得的财产、黄某舅舅留下的房产以及存款和人身损害赔偿款共计140万元。

**快问快答**

问：方某分割财产的请求能否获得支持？

答：不能，诉求里的财产依法属于黄某个人财产。

**法律依据**

《民法典》第一千零六十三条　下列财产为夫妻一方的个人财产：

（一）一方的婚前财产；

（二）一方因受到人身损害获得的赔偿或者补偿；

（三）遗嘱或者赠与合同中确定只归一方的财产；

（四）一方专用的生活用品；

（五）其他应当归一方的财产。

**专家释法**

根据《民法典》的上述规定，对于夫妻之间的财产进行了一定程度的区分，除了上述规定里应属于夫妻一方的财产之外，其他的财产均属于夫妻共同财产。在该规定中，除去婚前财产，其他四项财产均发生在婚姻关系存续期间。人身损害赔偿金是一方因人身损害获得的赔偿金，具有典型的人身属性，是一项专属的财产，如果将其认定为夫妻共同财产可以进行分割的话，则对遭受人身伤害的一方太不公平。因此，人身伤害赔偿金应当由遭受人身伤害的一方专有。遗嘱和赠与合同是财产的原所有权人由于种种原因对自己财产的合法处分，指定给一个人就属于这个人所有。结合本案的事实，黄某舅舅指定黄某为唯一继承人，并未指定黄某与方某为其继承人。因此，本案中的黄某从舅舅处继承到的财产和他自己的人身损害赔偿金均依法属于黄某的个人财产，方某无权请求分割。

### 特别提示

此项法律规定告诉人们，并不是婚姻存续期间获得的所有财产均属于夫妻共同财产。另外，在第五项中其他应当归一方的财产，通常是指其他种类的具有人身属性的财产，比如工龄买断款等。

## 案例 90. 丈夫借钱独自享受高消费，妻子是否应当偿还该债务？

### 案情回放

杨某与张某于 2010 年 2 月登记结婚。杨某经营一家小公司，张某在另一家公司上班。前几年日子也还过得去，自 2015 年开始，杨某出差的次数越来越频繁，而且还经常为自己购置奢侈品。张某以为其赚了很多钱，和杨某提出购置一套商品房，杨某以没有钱、不愿背银行贷款等为理由拒绝了。可是，张某每次见到杨某所谓的出差都是住在五星级酒店里，杨某和他的父亲都戴着名牌手表，一块手表价值均在 10 万元以上，就怀疑杨某对自己说没钱的事是假的。2018 年的一天，张某在家里接到一纸诉状，某信贷公司诉张某、杨某偿还借款高达 150 万元，此时张某才了解到杨某在该公司分多次借款累计 150 万元，现逾期未还。

## 第五编 婚姻家庭

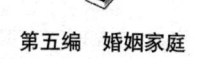

### 快问快答

问：张某是否应当对该债务承担连带清偿责任？

答：不承担。

### 法律依据

**《民法典》第一千零六十四条** 夫妻双方共同签名或者夫妻一方事后追认等共同意思表示所负的债务，以及夫妻一方在婚姻关系存续期间以个人名义为家庭日常生活需要所负的债务，属于夫妻共同债务。

夫妻一方在婚姻关系存续期间以个人名义超出家庭日常生活需要所负的债务，不属于夫妻共同债务；但是，债权人能够证明该债务用于夫妻共同生活、共同生产经营或者基于夫妻双方共同意思表示的除外。

### 专家释法

根据《民法典》的上述规定，除了夫妻共同认可的债务之外，夫妻一方为家庭日常生活需要所负的债务，为共同债务。这里所说的家庭日常生活需要主要包括衣食消费、日用品购买、子女抚养教育、老人赡养等各项费用。本案中，杨某在借款之前未得到张某的同意，借款之后也未得到张某的追认，并且其款项更未用于家庭日常生活，在某信贷公司不能证明该债务用于家庭共同生活的情况下，张某不应当承担该债务。实践中，夫妻一方在外借贷的案件情况较为复杂，为了促使大额债务能够做到"共债共签"，也就是夫妻共同债务共同签字，《民法典》特意规定了对于债务是否用于家庭日常生活或者共同经营等情况由债权人举证。这样规定可以平衡保护债权人和未举债夫妻一方的利益。

### 特别提示

该条款只是规定了三类较为重要的夫妻共同债务，现实生活中还会有其他一些法定夫妻共同债务，比如共同侵权、未成年人侵权导致的监护人侵权责任等。另外，在本案中，如果张某是全职主妇，没有任何生活来源，杨某的借款则很有可能会被认定为夫妻共同债。

## 案例 91. 妻子患重病，丈夫却主张放弃治疗，妻子可以请求分割共同财产吗？

**案情回放**

刘某与于某是夫妻。刘某经营一家小型高科技公司，于某在一家企业上班。婚后两人的主要生活来源为刘某公司的红利，两人的财产也都由刘某掌管。一直以来双方过得也算和睦，基本没有为家庭经济问题产生过纠纷。后于某生育一女，女儿出生后，刘某要求于某辞职照顾孩子，两人开始经常因为孩子以及生活琐事产生不愉快。于某还经常自己生闷气，在孩子三岁时，一次体检中发现患有乳腺癌。医生建议进行放化疗，但是刘某认为身体没有什么明显变化，癌细胞人人都有，况且治疗癌症需要巨额的医疗费，还不一定能保证治好，就建议于某吃点儿中药慢慢调理。于某通过大量的咨询和研究发现，如果积极治疗，存活时间 10 年以上的概率会在 60% 以上。于某决定听从医生的建议，便和刘某商量拿钱住院治疗。于某估算这几年两个人的婚后经营收入应该有 300 万元左右，但是刘某多次拒绝于某的请求。于某无奈，诉至法院，请求分割夫妻共同财产 200 万元。

**快问快答**

问：于某是否有权在婚姻关系存续期间分割夫妻共同财产？

答：有权请求分割。

**法律依据**

《民法典》第一千零六十六条　婚姻关系存续期间，有下列情形之一的，夫妻一方可以向人民法院请求分割共同财产：

（一）一方有隐藏、转移、变卖、毁损、挥霍夫妻共同财产或者伪造夫妻共同债务等严重损害夫妻共同财产利益的行为；

（二）一方负有法定扶养义务的人患重大疾病需要医治，另一方不同意支付相关医疗费用。

第五编　婚姻家庭

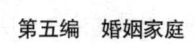

### 专家释法

根据《民法典》的上述规定，在婚姻关系存续期间，符合特殊情况要求的可以请求法院分割共同财产。其中之一就是本案发生的情况，一方患有重疾，另一方不想出钱治疗。在"谈癌色变"的当今社会，对于身患癌症的患者的治疗方案也各有不同，有人认为应当积极治疗，有人认为应当保守治疗。不管哪种治疗方案均应尊重患者本身的意愿，就像本案中的于某一样，她决定积极治疗时，对她负有法定扶养义务的人就应当履行相应的义务。本案中，经法院查明，双方共有婚后共同财产260万元，无夫妻共同债务和个人债务，法院判令按平均分配原则进行分割。

### 特别提示

《民法典》的此条规定旨在从公平的角度出发对夫妻共同财产加以保护，以及对不掌握财产一方权益的保护。除了本案所涉事实之外，当一方发现对方故意转移、隐瞒财产或者伙同他人虚构共同债务等，符合本条第一项规定的情形，另一方也可依法请求婚内分割共同财产。

## 案例 92. 夫妻外出打工各顾各，但不能对孩子不闻不问

### 案情回放

张小某，男，14岁，某中学初二年级学生。近日，张小某将自己的父亲张某和母亲李某告到法院。原来，张某与李某长年在外地打工，两人由于互不信任经常闹矛盾，两人曾于2008年发展到诉讼离婚，但法院未判决两人离婚。之后，两人各自回到打工的地方，依然对张小某不闻不问。张小某自2005年起一直跟随爷爷老张生活。在老张的指责下，张某给了儿子一定的生活费，但是李某仍未给付。尽管如此，年近70岁的老张依然生活很困难，无力承担孙子张小某的学习、生活等抚养费用。张某与李某均在大城市打工，收入均高于当地平均生活水平，可是张小某多次联系父母索要生活费，都未能如愿。无奈之下，张小某只得将张某、李某告上法庭。

### 快问快答

问：法院是否应判令张某、李某支付张小某生活费？

答：张某和李某应支付张小某的生活费。

### 法律依据

**《民法典》第一千零六十七条** 父母不履行抚养义务的，未成年子女或者不能独立生活的成年子女，有要求父母给付抚养费的权利。

成年子女不履行赡养义务的，缺乏劳动能力或者生活困难的父母，有要求成年子女给付赡养费的权利。

### 专家释法

根据《民法典》的上述规定，父母抚养子女、子女赡养父母是法定义务。抚养教育子女既是父母应尽的义务，又是子女应享受的权利。在这里，未成年子女是指未满18周岁的子女，他们在法律上属于无民事行为能力或限制民事行为能力人，缺乏对事情的准确判断和处理能力，因此，父母对未成年子女的抚养教育应是无条件的。本案中，张某和李某虽然夫妻关系处在比较敏感脆弱的阶段，但是对孩子抚养教育的义务不可中止。张小某只有14岁，属于未成年子女而且在校就读，张某和李某不履行对儿子的抚养义务是对未成年儿子的受抚养权利的侵犯。因此，法院会支持张小某的诉求，判令张某、李某依法支付一定数额的抚养费。

### 特别提示

《民法典》的此条规定中规定了两种义务，一种是父母对子女的抚养义务，另一种是子女对父母赡养的义务。本案中主要是张小某提出了给付抚养费的请求，但是如果老张生活困难、无以为生，老张也可以向张某提出要求其履行赡养义务的请求。这里特别提示，《民法典》此条款适用于婚生父母子女之间、非婚生父母子女之间、构成抚养教育关系的继父母子女之间，以及养父母子女之间的关系。

第五编　婚姻家庭

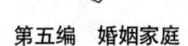

## 案例 93. 非婚生子女的生父不能以任何理由拒付抚养费

### 案情回放

丽某与陈某在谈恋爱期间怀孕。陈某得知该情况后，直接要求丽某尽快去医院做流产手术。丽某表面上同意，心里面却坚持要将小孩生下来。于是丽某借故辞职，并在老家生下一名男孩。两年后，母子二人找到陈某，要求陈某安排住处并支付孩子的抚养费105万元。陈某认为是丽某自己执意要把孩子生下来，一切后果应由其自己承担，拒绝与他们见面和支付抚养费。于是，丽某将陈某诉至法院，请求判令陈某支付孩子的抚养费105万。

### 快问快答

问：丽某的诉求是否能得到法院的支持？

答：丽某的诉求法院会受理，但具体金额以法院判决为准。

### 法律依据

**《民法典》第一千零七十一条**　非婚生子女享有与婚生子女同等的权利，任何组织或者个人不得加以危害和歧视。

不直接抚养非婚生子女的生父或者生母，应当负担未成年子女或者不能独立生活的成年子女的抚养费。

### 专家释法

《民法典》的上述规定是对非婚生子女权益的保护。非婚生子女一般是指没有婚姻关系的男女所生的子女，包括未婚男女双方所生的子女或者已婚男女与婚外第三人发生两性关系所生的子女。法律上对非婚生子女的保护主要是平等权、受抚养权以及与生父母的相互继承遗产的权利。本案中涉及的是生父母抚养权的纠纷。尽管案中陈某并不同意丽某生下孩子，但是丽某已经生下孩子是事实，其仍应对导致丽某怀孕的性行为承担相应的法律后果。在案件的审理过程中，陈某否认孩子是自己的，法院经依法委托鉴定机构进行鉴定，鉴定结果支持孩子系陈某亲生儿子。因此，陈某依法应承担抚养孩子的法定义务。

### 💡 特别提示

在我国,歧视非婚生子女的观念由来已久,但是这一观念让非婚生子女的身心受到了极大的伤害,我们应该认识到非婚生子女是无辜的。实践中多发的是要求生父履行抚养义务的,但是《民法典》此条规定的是生父、生母均应当承担孩子的抚养义务。同时在继承案件中,非婚生子女应有确实的证据证明自己确为被继承人的亲生子女,方可在请求依法参与继承。

## 案例 94. 儿子养了五年发现不是亲生的,他可提起诉讼

### 案情回放

2013 年 2 月,李某与赵某登记结婚。两人系大学同学,在校期间确定了恋爱关系,只不过赵某是校花,追求者众多。李某知道赵某曾与另一名男同学交往过,但毕竟赵某最后答应跟自己结婚,非常激动。婚后不久,赵某便生下了儿子李小某。但是,2018 年 5 月的一天,李某接到李小某幼儿园的电话,称李小某在学校跟小朋友玩游戏的时候发生争执,被另一个小朋友推倒摔在台阶上,昏迷不醒,已经送到医院抢救,李某马上赶到医院看望。当看到医生拿给他的化验单时,他发现李小某血型是 A 型,而自己和妻子李某的血型都是 B 型,便对自己与李小某的亲子关系产生异议。而赵某却认定孩子就是李某的,于是李某诉至法院,请求否认与李小某的亲子关系。

### 快问快答

问:李某是否有权利提起此类诉讼?

答:有权提起诉讼。

### 法律依据

**《民法典》第一千零七十三条** 对亲子关系有异议且有正当理由的,父或者母可以向人民法院提起诉讼,请求确认或者否认亲子关系。

对亲子关系有异议且有正当理由的,成年子女可以向人民法院提起诉讼,请求确认亲子关系。

## 第五编 婚姻家庭

### 专家释法

《民法典》上述规定明确确立了亲子关系确立制度。本条共有两款，分别规定了父或母对亲子关系有异议时，和成年子女对亲子关系有异议时提起诉讼的法律依据。当父或母对亲子关系有异议且有正当理由时，可以提起确认或者否认亲子关系的诉讼。在这里，不能理解为只要怀疑孩子不是自己的就可以提起诉讼，因为亲子关系之诉对夫妻甚至亲子关系之间产生的影响非常大，所以需要有正当理由。结合本案中，李某原本没有想过孩子不是自己的，直到他看到孩子的血型化验结果，这就为李某提起亲子关系否认之诉提供了正当理由。在本案的审理过程中，法院经委托专业的鉴定机构鉴定，确认李某与李小某不存在生物学上的父子关系，从而支持了李某的请求。

### 特别提示

由于本条系《民法典》的新增内容，在之前的法律体系中没有规定，因此在实践应用中应需特别注意，第一点是不能仅凭主观怀疑就提起诉讼，应当有正当理由。第二点是在第二款成年子女对亲子关系异议的诉讼中只能请求确认亲子关系，不能请求否认亲子关系。因为父母已经把子女养大成人，如果否认了亲子关系，将会导致出现逃避对父母赡养义务的情况，所以成年子女不可请求否认亲子关系。第三点是诉讼主体只能是父母或成年子女，不可以是其他人，比如祖父母、外祖父母、兄弟姐妹等。

## 案例 95. 达成离婚协议，是否就算把婚离了？

### 案情回放

莫某与李某于 2012 年上半年经人介绍相识，经过一年左右的相互了解，双方于 2013 年 3 月在民政部门办理结婚登记。同年 12 月生下一子李小某，婚后以莫某名义购置了一套商品房。2016 年夏天，莫某准备外出打工，李某不同意，两人发生了言语争执。之后，夫妻关系时好时坏。2018 年 3 月，莫某与李某协商离婚，两人约定儿子李小某由李某抚养，夫妻关系存续期间购买的商品房归李某所有。李某表示同意离婚，两人没有签订书面的离婚协议，也没去民政部门办理任何手续。但是2018年5月莫某便将房屋过户给了李某。之后，李某反悔，不同意离婚。莫某诉至法院，请求判决离婚，并分割婚后的共同财产，包括过户给李某的房屋。

### 快问快答

问：本案中莫某与李某的离婚约定是否有效？

答：离婚约定无效。

### 法律依据

《民法典》第一千零七十六条　夫妻双方自愿离婚的，应当签订书面离婚协议，并亲自到婚姻登记机关申请离婚登记。

离婚协议应当载明双方自愿离婚的意思表示和对子女抚养、财产以及债务处理等事项协商一致的意见。

### 专家释法

《民法典》的上述规定明确了在自愿离婚的情况下，夫妻双方需要签订书面离婚协议，以及离婚协议应当具备的相关内容。在实践中，虽然婚姻登记机关都会要求申请离婚的双方签订一个书面的离婚协议，大多都是格式性模板，但是从法律上明确规定是从《民法典》开始的。从本条规定可以看出，自愿离婚需要满足以下条件：（1）双方是合法登记的夫妻；（2）双方都是完全民事行为能力人；（3）双方有自愿离婚的意思表示；（4）双方签订了书面离婚协议；（5）双方亲自到婚姻登记机关申请离婚登记。结合本案的事实，莫某与李某达成了自愿离婚的意思表示，只符合上述离婚条件的前三项。双方没有签订书面离婚协议，更没有到婚姻登记机关申请离婚，虽然双方已经实际履行了房屋过户的协议内容，但由于该协议缺少法定要件依然归于无效。因此，双方的婚姻关系并未通过协议解除，还应通过诉讼程序予以解决。

## 第五编　婚姻家庭

### 🔔 特别提示

签订书面离婚协议以及双方亲自到婚姻登记机关申请离婚登记一直是实践中采用的做法，《民法典》此次将相关内容添加到法条内容中，意在对协议离婚制度的进一步完善。

### 案例 96. 婚姻非儿戏，30 天的离婚冷静期可认真考虑

#### 📽 案情回放

瞿某与张某经人介绍相识并恋爱，经过一段时间的相处之后，两人都对对方较为满意。2012 年 12 月，二人在婚姻登记部门登记结婚。2015 年 3 月，两人生育一子。有了孩子之后，婚姻生活里的琐事无形中增加，两人经常发生矛盾，感情逐渐变淡。2020 年 9 月，因为十一假期回谁家的问题，两人又发生激烈争执，之后几个月两人经常因为琐事争吵。年底，瞿某提出离婚，在气头上的张某表示同意离婚，两人约定新年第二天去当地民政局申请离婚证。第二天，瞿某与张某如约来到民政局婚姻登记处，称两人要离婚，工作人员问明原因之后，告诉他们先回去冷静 30 天，再回来。过了一个星期，张某觉得虽然两人发生了矛盾，但是自己对对方还是有感情的，从内心里并不想真的离婚，当时同意离婚完全是气话。

#### 🔊 快问快答

问：张某此时是否可以撤回离婚申请？

答：可以。

#### 📜 法律依据

**《民法典》第一千零七十七条**　自婚姻登记机关收到离婚登记申请之日起三十日内，任何一方不愿意离婚的，可以向婚姻登记机关撤回离婚登记申请。

前款规定期限届满后三十日内，双方应当亲自到婚姻登记机关申请发给离婚证；未申请的，视为撤回离婚登记申请。

**专家释法**

《民法典》此条规定的是离婚冷静期。此处的离婚冷静期是指申请协议离婚的双方当事人自向婚姻登记机关申请离婚之日起三十日内，应当冷静地对引发离婚念头的事件进行分析，并理智地对自己的婚姻状况、未来的生活进行充分的考虑，重新考虑是否坚持以离婚的方式来解决夫妻之间的矛盾，同时还应当考虑离婚对自身、子女、双方家庭的影响，避免冲动离婚的行为。在此期间，任何一方不愿意离婚的，都可以向婚姻登记机关申请撤回申请。如果不主动撤回，在上述30天冷静期届满后的30天内，双方未到婚姻登记机关申领离婚证的，视为撤回。本案中，张某通过事后冷静、理智的分析，认为离婚并不是自己的本意，这时其可以在30天内主动去申请撤回，也可以在30天冷静期后的另一个30天内不去领离婚证。

**特别提示**

离婚冷静期虽是第一次进入法律条文之中，但是在实践中已经有过一些适用，多是用调解的方式为当事人设置一个月至六个月不等的时间来让双方冷静。这一规定可以使处于婚姻之中的双方，不要过于草率。如果真的是想清楚了要离婚，这里需要注意申领离婚证的时间是冷静期满后的30日内，过期不领视为撤回。

## 案例97. 法院判决不准离婚后，又分居一年的可判离婚

**案情回放**

赖某与张某于2011年经人介绍相识恋爱并结婚，随后张某便到赖某家生活。2012年年底，二人生育一子。几年来，两人关系一直较好。2017年1月，赖某想外出打工，张某不同意，双方产生矛盾，夫妻感情开始受到影响。赖某也不顾张某的反对，只身前往大城市打工。其间不定期也会回家，但是张某对此非常不满，于2020年2月以双方分居两年为由诉请离婚。法院审理过程中发现两人结婚以来，夫妻感情一直很好，虽然有些矛盾，但感情并

## 第五编 婚姻家庭

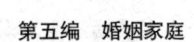

未完全破裂,因此,判决不予离婚。此后,赖某外出打工,一走又是一年,家里的大事小情都落到张某头上,使其感觉到生活的沉重,于是再次诉请法院判决解除与赖某的婚姻关系。

### 快问快答

问:此次法院是否会支持张某,判决其与赖某离婚呢?

答:会。

### 法律依据

**《民法典》第一千零七十九条** 夫妻一方要求离婚的,可以由有关组织进行调解或者直接向人民法院提起离婚诉讼。

人民法院审理离婚案件,应当进行调解;如果感情确已破裂,调解无效的,应当准予离婚。

有下列情形之一,调解无效的,应当准予离婚:

(一)重婚或者与他人同居;

(二)实施家庭暴力或者虐待、遗弃家庭成员;

(三)有赌博、吸毒等恶习屡教不改;

(四)因感情不和分居满二年;

(五)其他导致夫妻感情破裂的情形。

一方被宣告失踪,另一方提起离婚诉讼的,应当准予离婚。

经人民法院判决不准离婚后,双方又分居满一年,一方再次提起离婚诉讼的,应当准予离婚。

### 专家释法

《民法典》此条规定的是诉讼离婚制度,该制度是当事人向人民法院提出离婚请求,由人民法院调解或判决解除婚姻关系的制度。一般情况下是在一方想离婚,而另一方不同意的情况下,就会起诉到法院来解决。法院在审理此类案件中遵循的原则是夫妻感情是否已经破裂。在法条第二款中列明了应当准予离婚的六种特殊情况,这六种情况基本均可适用在第一次提出离婚诉讼的过程中。《民法典》新增加了第二次提出离婚诉讼时，双方满足了自第一次判决不予离婚后，又分居达到一年时间的要求，法院应当准予离婚。本案中，赖某与张某在第一次离婚诉讼未能离成，之后，赖某离家外出打工，又长达一年多与张某分居，张某再一次提起离婚诉讼便符合了准予离婚的条件，法院应依法判决准予两人解除婚姻关系。

### 特别提示

实践中，法院判决夫妻感情是否确已破裂，并非依据一个标准，而是根据两人婚姻关系从开始至最后的整个发展过程综合把握的，从而也导致有些人可能几次离婚都离不成，久拖不决。因此《民法典》新增加的这个内容，可以较好地解决这一问题。

## 案例98. 八岁小娃可自己做主跟爸还是随妈

### 案情回放

邱某与王某于2010年朋友聚会中相识并开始交往，当年年底便登记结婚。2011年12月，生下儿子邱大，2019年8月生下女儿邱二。由于婚前彼此缺乏了解，未能建立起深厚牢固的感情基础。婚后，两人在日常生活中缺乏沟通、信任，且未能正确处理婚姻家庭关系，常因家庭琐事等问题而发生争吵，致使感情不和。王某生完邱二后，便在家照看小孩。2020年年底，王某怀疑邱某在外有第三者，双方再次发生争吵，导致夫妻关系进一步恶化。2021年年初，因长期积累的家庭矛盾未能得到及时的沟通、解决，王某便带着儿子、女儿回到父母家，双方自此开始分居。邱某便诉至法院要求与王某离婚，并要求儿子由自己抚养，但是邱大向法庭表示不想与父亲一起生活。

### 快问快答

问：邱大是否可以选择跟谁一起生活？

答：可以。

## 第五编　婚姻家庭

### 法律依据

**《民法典》第一千零八十四条**　父母与子女间的关系，不因父母离婚而消除。离婚后，子女无论由父或者母直接抚养，仍是父母双方的子女。

离婚后，父母对于子女仍有抚养、教育、保护的权利和义务。

离婚后，不满两周岁的子女，以由母亲直接抚养为原则。已满两周岁的子女，父母双方对抚养问题协议不成的，由人民法院根据双方的具体情况，按照最有利于未成年子女的原则判决。子女已满八周岁的，应当尊重其真实意愿。

### 专家释法

根据《民法典》的规定，已满八周岁的子女属于限制民事行为能力人，已有一定的自主意识和认知能力。在离婚时，不管是父母协商确定由谁来抚养，还是由人民法院判决来决定，都要事先听取八周岁以上子女的意见。在子女提出自己的意见后，再根据其年龄、社会经验、认知能力和判断能力等，探求、尊重其真实的意愿。本案中，邱大已满八周岁，其有权选择跟随父亲还是母亲一起生活。在当事人因子女抚养问题达不成协议，法院应结合父母双方的抚养能力和抚养条件等具体情况，按照最有利于未成年子女的原则及最有利于子女健康成长的原则作出裁决。同时，《民法典》新增对于未满两岁子女以及已满八周岁子女的抚养原则。本案中，邱二在起诉离婚时未满二周岁，依法也应由其母亲直接抚养。

### 特别提示

在之前的法律条文中只是对哺乳期内的子女规定由母亲直接抚养，因为现实生活中哺乳期可能只有六个月甚至一年，此时孩子还太小，如果判决由父亲抚养则会对孩子不利，因此《民法典》直接改成二周岁以内的子女应直接由母亲抚养。同样还是根据有利于未成年人成长的原则，增加了已满八周岁以上子女的选择权。

### 案例99. 全职主妇的家务劳动也值钱

**案情回放**

2015年7月，张某与刘某经过一年多的恋爱决定登记结婚。为了证明双方感情的纯粹，在结婚之前自愿以书面约定，两人婚后各自的收入归个人所有。2017年，两人生育一子张小某。儿子出生之后，由于双方父母身体不好，都不能过来帮助他们照看张小某。两个人想聘请保姆又担心保姆会虐待孩子。张某考虑自己经营公司，收入颇丰，妻子刘某在一家公司打工，工资不高。于是，张某劝说刘某辞职，在家全职照顾孩子。张某的公司经营得越来越红火，经济实力也越来越强。原本日子应该越过越好，不料2019年2月张某却移情别恋。事后被刘某发现，张某不仅没有悔恨之意，反而提出了离婚的想法。刘某觉得日子没法过下去，遂向法院提起离婚诉讼，并要求张某在经济上给予一定的补偿。

**快问快答**

问：刘某是否可以因对家庭付出较多而要求张某给予经济补偿？

答：可以。

**法律依据**

《民法典》第一千零八十八条　夫妻一方因抚育子女、照料老年人、协助另一方工作等负担较多义务的，离婚时有权向另一方请求补偿，另一方应当给予补偿。具体办法由双方协议；协议不成的，由人民法院判决。

**专家释法**

根据《民法典》的该条规定，承担较多家务劳动的一方在离婚时有权请求经济补偿。离婚时的经济补偿权在之前的《婚姻法》中规定有一个适用的前提条件，即在夫妻双方采取分别财产制的情况下适用。《民法典》直接将该前提条件去掉了，即无论夫妻之间是分别财产制还是共同财产制，都应当赋予承担家务较多的一方以经济补偿权。本案中，虽然张某与刘某签订了财产分别归属协议，但是实际上在张小某出生后，双方是共有制的财产管理方

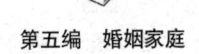

式。刘某在张某的劝说下，辞职在家照顾孩子，没有工资收入，且不掌握张某的财产状态。在此种情况下，刘某可以依法请求法院判令张某对自己全职在家的时间所承担的全部家务以及耗费的精力给予经济补偿。

**特别提示**

尽管《民法典》的离婚经济补偿制度比之前有所完善，不再以夫妻分别财产制为前提条件，但需要注意的是，《民法典》对于以何种标准进行补偿，以及补偿的计算方法并未给出明确的规定。只是规定由双方协商，协商不成的由法院判决。因此，在实践中可能会出现各地法院判决的标准不一致的情况，这一问题有待留给司法实践和司法解释来解决。

## 案例100. 收养这事很重要，符合条件才有效

**案情回放**

蔡某与赵某于2007年相识恋爱，并于同年自愿登记结婚。2010年，二人生育一个女儿蔡小某。2015年9月，双方自愿协商登记离婚。由于双方收入都不高，且都要全职工作，女儿蔡小某便处于无人抚养的状态。2015年10月，他们与蔡某的弟弟蔡二夫妇签订了收养协议，当时蔡二夫妇均未满30周岁。协议经公证机关公证后，赵某、蔡某便将蔡小某送给蔡二夫妇抚养。2015年12月，赵某与蔡某想要复婚，在与蔡二夫妇商议后，将蔡小某接回抚养。但是不久，双方又发生新矛盾，仍然感觉到难以共同生活，于是又将蔡小某送给蔡二夫妇收养。此后，赵某经常去蔡二夫妇处看望蔡小某，引起了蔡二夫妇的反感和指责。2017年，赵某向法院提起诉讼，主张确认其与蔡二夫妇签订并公证过的收养协议无效。

**快问快答**

问：本案中，蔡某、赵某与蔡二夫妇签订的收养协议是否有效？

答：无效，蔡二夫妇未达到法定收养人年龄。

### 法律依据

《民法典》第一千零九十八条  收养人应当同时具备下列条件：

（一）无子女或者只有一名子女；

（二）有抚养、教育和保护被收养人的能力；

（三）未患有在医学上认为不应当收养子女的疾病；

（四）无不利于被收养人健康成长的违法犯罪记录；

（五）年满三十周岁。

### 专家释法

《民法典》的上述规定是对收养人资格的明确规定。由于收养是在收养人与被收养人之间建立的拟制的亲子关系，既是为了被收养人得以健康成长，也是为了满足收养人的收养需求。从有利于被收养人的角度出发，对收养人设定一些条件非常有必要。如果收养人不符合法定条件，则收养关系应认定为无效。本案中，蔡二夫妇与赵某、蔡某签订收养协议时均未满30周岁，不符合《民法典》关于收养人资格的规定，因而被法院判决认定无效。收养关系被认定无效后，收养人应当将被收养人交还给送养人，由送养人依协议或者法院判决决定被收养人的监护权。

### 特别提示

在本条规定中，《民法典》增加了两项内容，一项是将原来的"无子女"改成了"无子女或只有一名子女"，另一项是增加了"无不利于被收养人健康成长的违法犯罪记录"。第二项规定是此前没有的，是为了有效控制侵害未成年人案件的发生而设置。

同时还应提示的是，本案中不仅收养人不符合法定条件，实际上被收养人也不符合法定条件，《民法典》规定被收养人须是丧失父母的孤儿、查找不到生父母的未成年人、生父母有特殊困难无力抚养的子女。本案中的蔡小某显然不符合前述三种可以被收养的情况，从这个角度来讲，案涉收养协议也应当被认定为无效。另外，公证协议也是有瑕疵的，未经过合法性审查。

## 第五编 婚姻家庭

### 案例 101. 养子成年后，即使解除收养关系仍应支付赡养费

**案情回放**

王某与高某由于种种原因婚后一直未能生育。后两人于1976年收养了未满周岁的王小某，并将其抚育成人。2011年，王小某结婚成家，2012年，王小某因为家庭琐事与王某夫妇产生矛盾，甚至经常到王某父母家要钱、闹事。王某夫妇无奈之下，诉至法院要求解除与王小某的收养关系。经法院调解，双方于2013年解除了收养关系。2018年，王某病故，高某自此身体状况不好，多种疾病缠身，丧失了劳动能力和生活来源。高某认为自己将王小某养育成人，其应当在自己年老体弱之时给付生活费，但是王小某拒绝了高某的要求。高某将王小某诉至法院，请求判令王小某支付赡养费。

**快问快答**

问：解除收养关系后，养父母是否还可以请求养子女支付生活费？

答：可以，只要养子女系养父母抚养成人即可。

**法律依据**

《民法典》第一千一百一十八条　收养关系解除后，经养父母抚养的成年养子女，对缺乏劳动能力又缺乏生活来源的养父母，应当给付生活费。因养子女成年后虐待、遗弃养父母而解除收养关系的，养父母可以要求养子女补偿收养期间支出的抚养费。

生父母要求解除收养关系的，养父母可以要求生父母适当补偿收养期间支出的抚养费；但是，因养父母虐待、遗弃养子女而解除收养关系的除外。

**专家释法**

根据《民法典》的上述规定可知，被养父母抚养长大的养子女应当履行赡养义务。此款规定主要是对收养人权益的保护，在收养关系存续期间，收养人除了付出时间和精力尽心照顾未成年子女之外，还要为子女的健康成长支出生活费、教育费、医疗费等各方面的费用。待到养子女成年后，不管由于何种原因导致收养关系被解除，收养人在收养关系存续期间所付出的心血

便无法通过被收养人将来履行赡养义务的方式来实现，此种情况将严重损害收养人的权益。如本案中所述事实，王小某是在成年成家之后，由于经常去王某与高某处找事，迫使养父母提出解除收养关系的要求。另外，在解除收养关系时，王某、高某都身体健康，尚未丧失劳动能力。随着时间的推移，客观情况发生了重大的变化，王某去世，高某患病丧失劳动能力且无经济来源。这种客观情况的变化便产生了养母需要获得经济帮助的情形。因此，依据《民法典》的规定，王小某应当定期支付高某生活费。

### 特别提示

《民法典》中本条第一款规定的是收养关系解除后，关于生活费、抚养费支付的规定。本案中是认定了对养父母生活费的请求。如果养子女成年后存在虐待、遗弃养父母的，可以要求其一次性给予相应的抚养费。值得注意的是，第二款规定了生父母对收养关系的解除权，此种情况下，养父母还可以要求生父母进行经济补偿，除非养父母虐待、遗弃养子女。

第六编

# 继 承

## 内容概要

继承制度主要用于规范自然人去世后对其合法所有的财产进行传承的制度。通常是社会经济越发达，个人和家庭拥有的财产越多，对于继承制度的需求就会越强烈，因继承引发的纠纷也会越来越多。《民法典》在《继承法》的基础上，结合人民群众处理遗产的现实需求，进行了修改和完善。本编共四章，45个条款。

第一章内容主要包括：继承制度的调整范围、继承开始的时间、死亡推定、继承权的丧失和恢复等。重点强调国家保护公民个人的继承权。在《继承法》的基础上，完善了遗产的范围，明确了遗产仅限于个人合法财产，根据法律或者财产性质不得继承的，不可继承。**增加**规定了相互有继承关系的人在同一事件中死亡，难以确定死亡时间的继承规则。在继承人实施了法定丧失继承权的行为之后，**增加**规定了对该继承人的宽恕制度，被继承人表示宽恕或事后在遗嘱中将该继承人列为继承人的，该继承人不丧失继承权。

第二章主要是针对法定继承的具体规定。法定继承是指被继承人在生前未对其遗产进行特别处理的情况下，按照法律规定的方式对继承人的范围和继承顺序予以确定，将遗产用法定的方法进行分割。在法定继承制度下规定了继承权男女平等、法定继承人的范围以及继承顺序、代位继承、尽了主要赡养义务的丧偶儿媳或丧偶女婿的继承地位、遗产的分配原则、法定继承人外可获得遗产的制度、

## 第六编　继　承

处理继承问题的精神以及遗产分割方式等。内容基本承继了继承法的相关规定，只增加规定了被继承人的兄弟姐妹先于被继承人死亡的，由被继承人的兄弟姐妹的子女代位继承，从而完善了代位继承制度。

第三章关于遗嘱继承和遗赠相关的具体规定。遗嘱继承是指法定继承人之间根据被继承人生前所立遗嘱的具体内容来分配遗产的继承方式。遗赠与遗嘱不同的是，遗嘱针对的接受主体为法定继承人的范围，而遗赠针对的是国家、集体或者法定继承人以外的组织或个人。根据社会发展的需要，对于遗嘱的形式增加了打印遗嘱、录像遗嘱等新的遗嘱形式，并对新形式遗嘱的生效要件进行了明确的规定。《民法典》还调整了遗嘱效力规则，删除了《继承法》中关于公证遗嘱效力优先的规定；现实中存有数份遗嘱的，以被继承人形成的最后的遗嘱为准，切实保护了被继承人的真实意愿。

第四章是关于遗产处理的规则和程序的具体规定。在本章中**增设**了遗产管理人制度，明确了遗产管理人的产生方式、职责和权利等内容，以确保遗产得到妥善管理、顺利分割，更好地维护继承人、受遗赠人、债权人的合法利益。同时对遗赠扶养协议制度进行了完善和修改，扩大了扶养人的范围，将继承人以外的组织或个人纳入扶养人范围之内。另外，完善了对于无人继承和受遗赠的财产在归国家所有之后的实际用途，明确为应当用于公益事业。

### 案例102. 再婚夫妻同时死亡，遗产如何在各自继承人之间分配？

**案情回放**

郑某与付某于2009年结婚。付某与前夫育有一女小孙，未随二人共同生活。婚后，二人居住在郑某于2006年购置的房屋中。2014年某天，郑某夫妇在居室内被入室抢劫的犯罪分子一起杀害。根据鉴定结果，郑某先于付某被杀害，但是时间相距极近且付某受伤部位更接近生命中枢。案发后，两人均已经死亡，因此无法准确判断两人的死亡顺序。之后经清理，两人的遗产包括：房屋一栋；房屋内婚后两人购置的家具、电器、首饰等，婚后存款20万元，郑某死亡后获得的人身保险赔偿金六万元。所有遗产均由郑某父母管理。郑某父母为安葬死者支付了丧葬费三万元，代偿了郑某、付某共同生活期间所欠债务2.1万元。2015年3月，郑某父母与付某的唯一法定继承人小孙因分割遗产发生争议。

**快问快答**

问：小孙诉至法院，法官应如何处理呢？

答：本案并不复杂，焦点是厘清死亡顺序，然后依法裁判。

**法律依据**

《民法典》第一千一百二十一条 继承从被继承人死亡时开始。

相互有继承关系的数人在同一事件中死亡，难以确定死亡时间的，推定没有其他继承人的人先死亡。都有其他继承人，辈份不同的，推定长辈先死亡；辈份相同的，推定同时死亡，相互不发生继承。

**专家释法**

《民法典》的上述内容是关于继承开始时间以及死亡先后顺序的规定。由于被继承人死亡的时间决定着继承人的范围、遗产的范围以及遗嘱的效力等问题。而对于同一事件中没有证据证明死亡时间的，《民法典》规定了推定原则。如本案中，郑某夫妇被入室抢劫的犯罪分子一起杀害，案发后，两人均已死亡，因此无法准确判断两人的死亡顺序，也不能简单地根据被

## 第六编 继 承

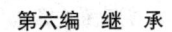

伤害的先后顺序断定其死亡的顺序。如何确定被继承人的死亡顺序成了本案的焦点问题，这一问题直接关系到继承人的继承顺序和应继承的份额。因此，根据《民法典》的上述规定，本案郑某与付某为相同辈份，应推定郑某夫妇同时死亡，两人相互不发生继承关系，他们各自的遗产由各自的法定继承人分别继承。

郑某的法定继承人是他的父母，付某的法定继承人是其与前夫所生的女儿小孙。郑某的个人财产包括房屋一座，人身保险赔偿金六万元以及郑某、付某共同财产的一半应当由其父母继承，郑某、付某的丧葬费三万元和夫妻的共同债务2.1万元应当从两人的存款中扣除，剩余的存款14.9万元作为夫妻共同财产予以分割。两人共同财产中的家具、电器、首饰等，应当按照不损伤财产价值和方便生活的原则予以均等分割，由两人的继承人分别继承。

### 💡 特别提示

继承应以被继承人死亡时，也就是继承开始时的有关当事人的法律状态来判断。死亡事实通常由死亡证明予以体现，这里还包括宣告死亡的情形，也就是宣告死亡同时是继承的开始。

## 案例103. 转为城镇户口的子女不能继承农村父母的宅基地使用权

### 📼 案情回放

大山寨村的老王有四个孩子，分别为王大、王二、王三、王四。王大和王四以优异的成绩考取了北京知名的学校，并把自己的农业户口转成了非农业户口。王二、王三上学不力，初中辍学，一直在大山寨村打工为生，户口跟父母在一起多年未动。老王夫妇原有宅基地房屋五间，后大山寨村村民合资建楼房，老王的五间房就变成了二套商品房，但是楼房占地的性质仍然为集体所有制土地，房子也没有房产证，王二、王三各住一套。老王夫妇因病去世，王大、王四回村里处理父母丧事，看到房子变成了楼房，提出父母过世了，这房子算作遗产，应当由四个子女共同继承。王三不同意，认为王大、王四已经离开农村，不应当再回来分房子了。争执不下，王大、王四将王二、王三诉至法院，请求继承老王夫妇留下的楼房。

### 快问快答
问：王大、王四的请求能否得到支持？

答：宅基地上建的楼房可以继承，但宅基地使用权不能继承。

### 法律依据
**《民法典》第一千一百二十二条** 遗产是自然人死亡时遗留的个人合法财产。

依照法律规定或者根据其性质不得继承的遗产，不得继承。

### 专家释法
本案中王大、王二、王三、王四同为老王的四个子女，依法均属于第一顺位的法定继承人，不同的是王大、王四是城镇户口，王二、王三是农村户口，这种区别是否会导致继承遗产方面的差异呢？本案中所涉遗产为老王夫妇的二套楼房，二套楼房是由宅基地房屋改建而来，实际土地上的宅基地使用权没有发生变化。根据《土地管理法》的规定，宅基地属于农民集体所有，只有农村集体经济组织内部成员才享有宅基地使用权。根据本案的事实，王大、王四成年后，将自己的户口迁出变为城镇户口的时候，二人就已经脱离了农村集体经济组织，因此该二人就宅基地使用权无权主张继承。但是，宅基地上的楼房属于老王夫妇所有的财产，依法应作为遗产，王大、王四有权就该二套楼房主张继承。

### 特别提示
宅基地使用权和宅基地上的房屋是两种权益，实践中应当予以明确区分。宅基地使用权针对的是土地的使用权，而地上建筑的房屋是一种不动产。权利人对宅基地所占用的土地仅有使用权，对地上建筑的房屋却享有所有权。因此，需要注意这是两种权益。

# 第六编 继 承

## 案例 104. 口头表示放弃继承后又反悔，仍旧能分到家产吗？

### 案情回放

于某与代某系夫妻关系，婚后育有二子，于大和于二。于某和代某二人先后于 2001 年和 2004 年去世，生前均没有留下任何形式的遗嘱。于某与代某生前留有北房五间、拖拉机一台。2003 年，于大成家之后，一家人与于二共同生活在这五间北房内。后于二做生意，挣了一些钱后，自己在附近的县城内购买了一套商品房，成家之后在县城内生活，也曾口头向于大表示老家的房子就给于大用。2006 年，于某所在的村子进行城镇化改革，宅基地收回置换二套楼房，这时于二回来提出应当分得一套楼房。于大认为于二曾经口头表示让自己用这五间北房，此时不应再来主张分割。于是兄弟二人诉至法庭。

### 快问快答

问：于二欲分得楼房的请求是否会得到法院的支持？

答：能得到法院支持。

### 法律依据

《民法典》第一千一百二十四条第一款　继承开始后，继承人放弃继承的，应当在遗产处理前，以书面形式作出放弃继承的表示；没有表示的，视为接受继承。

### 专家释法

本案中的焦点问题是于二口头表示父母遗留下来的房子给于大用是否构成对继承权的放弃。于某、代某二人去世后对于财产未留下明确的分配方案，依法律规定应当按照法定继承进行处置。于大、于二均是第一顺序继承人，然而于二在去县城生活之前口头表示父母的房子给于大用，并未明确表示是使用权的让渡还是继承权的放弃。而继承权是公民享有的基本权利，应当审慎对待。放弃继承是指继承人不接受被继承人遗产的意思表示，由于放弃继承是继承人对自己民事实体权利的一种处分行为，会引起相应的法律后果。因此，《民法典》对于继承权的放弃明确规定应当使用书面形式作出，也就是口头表示放弃，事后未使用书面形式放弃的，视为未放弃。本案中，于二仅是口头表示房子给于大用，并未明确表示放弃继承，更没有用书面形式表示放弃继承，因此其有权利对遗产提出分割的请求。

### 💡 特别提示

《民法典》在本条第一款中规定了关于继承适用默示接受、书面形式放弃的原则。那么关于放弃的时间也应特别注意，放弃继承的时间限制在继承开始后，遗产分割之前作出。其他时间作出的均属无效。

### 案例105. 表态要趁早：未明确表示是否接受遗赠，结果啥也没分到

#### 案情回放

老张与老唐是多年好友，老张有三个儿女，老唐有一个儿子叫小唐。一天，老张和老唐一起出门，不料前方急速驶来一辆机动车，老唐眼疾手快将老张推向一旁，自己却来不及躲闪被机动车撞上，当场身亡。老张内心充满了对老唐的感激和歉疚之情。事发之时，老唐的儿子小唐还未成家，老张就把小唐视为自己的孩子，对其生活关心照顾。2012年3月，老张身患重病，自觉将会不久于人世，于是把全家人和小唐都叫到跟前，称其遗产共有80万元，其中20万赠给小唐，其余遗产按法定继承分配，根据此内容形成遗书。2012年4月，老张去世。2012年10月，老张的三个儿女分割了包括赠给小唐的20万元在内的遗产。小唐知道后，要求老张的三个儿女返还老张遗赠给自己的20万元，遭到拒绝。

#### 快问快答

问：小唐诉至法院，法院是否会支持小唐的请求呢？

答：不会。

#### 法律依据

**《民法典》第一千一百二十四条第二款** 受遗赠人应当在知道受遗赠后六十日内，作出接受或者放弃受遗赠的表示；到期没有表示的，视为放弃受遗赠。

# 第六编 继 承

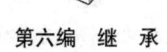

### 专家释法

本案的焦点问题是小唐知道受遗赠事实后未明确表示是否接受遗赠,半年之后是否仍享有接受遗赠的权利。根据《民法典》的上述规定,受遗赠人若想接受遗赠,应当在特定的期限内明确表示接受遗赠,否则,将视为其放弃。本案中,小唐在老张形成遗赠表示的时候就已经知道了遗赠的事实,他应当在 60 天内明确表示是否接受遗赠。可是,小唐在知道遗赠的事后,并没有在法律规定的期限内明确提出接受遗赠,则视为放弃接受遗赠。于是遗赠财产归于遗产范围,适用于遗嘱或法定继承进行分配。《民法典》对于遗赠规定了明示接受、默示放弃的原则。因此,本案小唐在法定期限内未明确表示是否接受遗赠,则应当认定为放弃接受遗赠;老张的三个子女分割遗产并无不当,小唐的请求依法不能得到法院的支持。

### 特别提示

实践中,受遗赠需要特别注意两个点,一个是时间,是从知道受遗赠这一事实后起算 60 日内;另一个是方式,关于明示接受的方式可以是口头的,也可以是书面的,或者视频、录音都是可以的。《民法典》对于接受的方式没有做限定,最直接的方式就是在 60 日内请求分割遗赠财产。

## 案例 106. 夫妻因家庭琐事闹矛盾,丈夫气不过自杀的,妻子能否继承其遗产?

### 案情回放

王某与李某于 2009 年相识,当时两人年龄均偏大成家心切,认识三个月后便很快结婚。婚后,两人共同购置了县城内一套商品房和一辆小轿车。不过,由于婚前双方了解不够,没有感情基础,婚后二人经常因为琐事吵吵闹闹。2011 年 4 月的一天,两人因为李某玩手机没有做饭而大打出手。王某觉得这样的生活带给自己的都是痛苦,活着没有什么意思,就跑到卫生间找到一瓶之前未开封的农药喝进去自杀了。李某在料理完丈夫的后事之后,要求继承丈夫的遗产，遭到王某父母的坚决反对。王某父母认为是李某的行为直接导致了王某的自杀，李某没有资格继承王某的遗产。双方互不相让，李某诉至法院。

### 快问快答

问：李某是否有资格继承王某的遗产？

答：有。

### 法律依据

《民法典》第一千一百二十五条第一款　继承人有下列行为之一的，丧失继承权：

（一）故意杀害被继承人；

（二）为争夺遗产而杀害其他继承人；

（三）遗弃被继承人，或者虐待被继承人情节严重；

（四）伪造、篡改、隐匿或者销毁遗嘱，情节严重；

（五）以欺诈、胁迫手段迫使或者妨碍被继承人设立、变更或者撤回遗嘱，情节严重。

### 专家释法

本案中的焦点问题是李某与王某吵架之后，王某自杀的行为是否直接导致李某丧失继承权。如前所述，继承权是公民享有的基本权利，应当审慎对待。继承权丧失通常是指本来具有继承资格的人因犯有某些严重违反人伦道德的罪行，或有严重的不道德行为，而丧失作为继承人的资格，不再享有继承遗产的权利。从某种角度来讲，继承权的丧失是一种民事制裁措施。只有出现法律规定的严重违反人伦道德的罪行或严重不道德的行为才丧失继承权。《民法典》第一千一百二十五条明确规定了丧失继承权的五种法定情形，结合本案，李某与王某吵架是双方在婚姻生活中经常发生的事情，李某主观上没有也不可能预见到王某会产生轻生的念头，其行为不能定性为故意杀害被继承人。因此，本案中李某的行为不符合法定丧失继承权的行为，其依然有资格继承王某的遗产。

## 第六编 继 承

### 💡 特别提示

在夫妻一方继承另一方遗产时，应当先将夫妻一方的个人财产在共同财产中剥离出来，然后在属于被继承一方的个人财产中按照法定继承的顺序再进行分割。

### 案例 107. 儿子先于父母死亡的，孙子的继承权应当如何保护？

#### 案情回放

冯家二老育有冯大、冯二、冯三、冯四共四个儿子。冯大婚后育有一个儿子小冯，冯大于 2002 年突发交通事故不幸去世。2005 年，冯大的妻子带着儿子小冯改嫁。虽然冯大妻子改嫁了，但在冯家二老在世时，经常往来走动，关心照顾其生活，过年过节时还去探望，送一些年节礼品。2008 年年初，冯家二老先后因病去世，生前未留下任何遗嘱。夫妻共有财产现金 20 万元，房屋八间。冯大的妻子与冯二、冯三、冯四共同料理完二老的丧事后，冯二提出冯大的妻子和小冯虽然一直与二老持续交往，但是由于已经改嫁，所以不能继承二老遗产。冯大的妻子不同意，认为儿子小冯还是冯家的后人，应当分得一份遗产，故诉至法院，请求参与遗产分割。

#### 快问快答

问：冯大妻子的请求能否够得到法院的支持？

答：能。

#### 法律依据

《民法典》第一千一百二十八条第一款　被继承人的子女先于被继承人死亡的，由被继承人的子女的直系晚辈血亲代位继承。

#### 专家释法

本案中的焦点问题是冯大先于父母去世，冯大的儿子是否享有继承权，这涉及代位继承的问题。代位继承是指被继承人的子女先于被继承人死亡时，由被继承人子女的晚辈直系血亲代替先亡的被继承人的子女继承被继承人遗产的一项法定继承制度。在代位继承关系里，晚辈直系血亲只能继承他的父亲或母亲有权继承的遗产份额。结合本案的事实，冯大作为冯家二老的儿子，先于他们去世，依据《民法典》的规定，冯大的儿子小冯有权代位冯大继承本应由其继承的遗产份额。因此，冯大妻子的诉求会得到法院的支持。

### 💡 特别提示

代位继承发生的原因只有被代位继承人先于被继承人死亡之时，对于继承人丧失或放弃继承权的，则不发生代位继承。另需要特别注意的是，关于代位继承人的范围，在被继承人的直系晚辈血亲进行代位继承和被继承人的兄弟姐妹进行代位继承的亲等限制不同。在直系晚辈的血亲中，被代位继承人的子女、孙子女、曾孙子女、外孙子女等都可以，没有辈份限制。而被继承人的兄弟姐妹的代位继承人只限于其子女，其他人均不可代位继承。

## 案例108. 丧偶儿媳在什么情况下可以成为第一顺序继承人？

### 📽 案情回放

浦家二老育有四儿子，分别为浦大、浦二、浦三、浦四。浦四于2000年去世，浦四与李某系夫妻关系，育有一个女儿小浦。浦四去世后，李某与他人再婚。2008年，浦家二老共同购买了一套房产，房产证显示所有权人为浦家二老共有。两位老人单独生活，三个儿子以及儿媳李某均未主动提出与二老一起生活。2009年，浦家二老将三个儿子告上法庭要求承担赡养义务，后二人撤回起诉。2014年，浦老爷子去世，2017年1月，浦家老太太再次向法院起诉要求三个儿子承担赡养义务，因浦家老太太在诉讼过程中去世，该案终结诉讼。三个儿子和李某料理完后事后，浦大召集兄弟们商议遗产的处理，这时李某也来参与，认为自己对两位老人尽了主要赡养义务，应当作为法定继承人继承两位老人遗产的五分之一。浦大、浦二、浦三均不同意，李某诉至法院。

## 第六编 继 承

### 🔊 快问快答

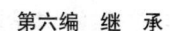

问：李某是否可以作为第一顺序继承人继承相应份额的遗产？

答：李某无权继承遗产。

### 法律依据

**《民法典》第一千一百二十九条** 丧偶儿媳对公婆，丧偶女婿对岳父母，尽了主要赡养义务的，作为第一顺序继承人。

### 专家释法

本案中的焦点问题是丧偶儿媳李某是否尽了主要赡养义务。在审判实践中，认定丧偶儿媳、丧偶女婿"尽了主要赡养义务"一般从以下两个方面进行综合考虑，一是在经济上对公婆、岳父母生活提供了主要经济来源，或者在生活上对公婆、岳父母提供了主要劳务帮助；二是对公婆、岳父母尽赡养义务具有长期性、经常性。只有同时具备了以上两个条件，才能认定丧偶儿媳或丧偶女婿尽了主要赡养义务。尽了主要赡养义务的，无论是否再婚，均成为第一顺序的法定继承人。本案中，李某未与浦家二老共同生活，且浦家三兄弟均否认李某尽了主要的赡养义务，结合浦家二老不止一次地提出了要求子女承担赡养义务的诉讼可见，李某并未尽到主要的赡养义务。因此，根据《民法典》的规定，李某不具备成为第一顺序继承人的条件，不得继承浦家二老的遗产。

### 💡 特别提示

儿媳、女婿尽管在现实生活中与公婆、岳父母日常生活非常密切，但是由于是姻亲关系，而不是法律规定的第一顺序继承人。但是，为了促进家庭内部的互助友爱、团结和睦，也为了使老年人能够老有所养，《民法典》中规定在尽了主要赡养义务的情况下，将丧偶儿媳、女婿特别规定为继承人。

### 案例 109. 尽了主要赡养义务的人是否可以请求多分遗产？

**案情回放**

黄家二老婚后育有四个子女，分别为黄大、黄二、黄三、黄四。到了黄家二老晚年期间，黄三便将二老接到自己家共同生活，黄大、黄二、黄四给付一定的赡养费和医疗费。黄三除了平日里照顾二老生活起居，遇有老人生病时，还承担了大部分的医疗费用，直至 2004 年黄家二老相继去世。黄家二老留有遗产房屋三套，老人去世后，黄大主张对遗产进行分配，分配方案为将三套房屋分成四份，每人继承一份。黄三不同意这一分配方案，遂诉至法院，请求多分得一些遗产份额。

**快问快答**

问：黄三的请求能否得到支持？

答：黄三的请求可以得到支持。

**法律依据**

《民法典》第一千一百三十条　同一顺序继承人继承遗产的份额，一般应当均等。

对生活有特殊困难又缺乏劳动能力的继承人，分配遗产时，应当予以照顾。

对被继承人尽了主要扶养义务或者与被继承人共同生活的继承人，分配遗产时，可以多分。

有扶养能力和有扶养条件的继承人，不尽扶养义务的，分配遗产时，应当不分或者少分。

继承人协商同意的，也可以不均等。

**专家释法**

本案中，黄大、黄二、黄三、黄四均是法定继承人的第一顺位继承人，两位被继承人也未留下遗嘱指定其遗产由某一特定继承人继承。因此，本案的焦点问题就是黄三是否有可以多分遗产的法律依据，其行为是否构成尽了

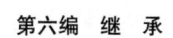

主要赡养义务。从法院的角度来说,子女"尽了主要赡养义务"的判断标准主要考虑以下三个方面:一是子女对被继承人在物质上给予了比较大的帮助,二是子女对被继承人在生活上给予了主要照料和帮助,三是子女对被继承人在精神生活上给予了极大的安慰。结合本案,黄三在经济上给予被继承人较大的帮助,承担了大部分的医疗费用和生活费用;在生活上一直细心、妥帖地照料两位被继承人多年;在精神上,让老人老有所依、老有所慰、老有所乐,可以认定黄三已经尽了主要的赡养义务。相比而言,黄大、黄二、黄四只是尽了一般的赡养义务。根据《民法典》的相关规定,黄三已经尽了主要的赡养义务,依法可以适当多分遗产。

### 特别提示

《民法典》还规定了对生活有特殊困难的、缺乏劳动能力的,有扶养能力和条件却不尽扶养义务的,以及继承人协商同意的情况下,也可以不均等分配。在此需要注意,在生活有特殊困难的同时还应具备缺乏劳动能力,两个条件缺一不可。同样,有扶养能力和条件,同时又不尽扶养义务两个条件也必须同时满足,才产生不均等分的法律后果。

## 案例 110. 继承人之外的人在什么情况下也可以分得适当遗产?

### 案情回放

黄某与尹某有一养子黄小某,黄小某因家庭矛盾于 1994 年年初与黄某、尹某断绝往来。黄某与尹某于 1995 年 6 月迁入人民路涉案房屋居住,他们对外自称无子女,当地居委会以孤老对待。两人名下除了人民路的房屋之外,还有房屋内的电冰箱一台、彩电一台,黄某名下在银行有定期存款本息 5.1 万元,活期存款 100.99 元,现金 11807.30 元。尹某去世后,墓碑上写着"姑母尹某之墓,侄女尹小某公元二〇〇三年冬立"。2012 年 11 月一天中午,黄某突发疾病被送到医院抢救,其苏醒后要求联系的是当地居委会干部和他的徒弟袭某。黄某去世后,其原工作单位的退管中心找到他们的养子黄小某，告知其黄某已经去世。后裘某、黄小某、尹小某对黄某与尹某的遗产分配问题发生争议。裘某诉至法院，以黄某生前留有口头遗嘱为由，要求确认涉案房屋中的四分之三产权份额属于黄某所有，由裘某继承；黄小某认为自己是黄某、尹某的唯一法定继承人应由自己单独继承；尹小某认为自己对两位被继承人尽了较多的扶养义务，应当分得一定的份额。

### 快问快答

问：本案中黄某、尹某的遗产应当如何分割？

答：黄某、尹某的遗产应当由尹小某、黄小某、裘某三人按比例分割。

### 法律依据

《民法典》第一千一百三十一条　对继承人以外的依靠被继承人扶养的人，或者继承人以外的对被继承人扶养较多的人，可以分给适当的遗产。

### 专家释法

本案中黄某、尹某只有一个养子黄小某，且两位被继承人生前未留有遗嘱，其遗产本应由唯一的法定继承人黄小某继承。然而，黄小某在两位被继承人晚年期间，不仅没有尽心尽力地照顾两位老人的日常生活，还以所谓的"家庭矛盾"为由与两位老人断绝了往来。导致黄某、尹某晚年无人照顾，对外声称无子女。而裘某、尹小某虽与两位被继承人没有法定的继承关系，但却对两位被继承人的晚年生活有所照顾和安慰，他们的行为相对于黄小某的完全不尽赡养义务来讲已经做到了"对被继承人扶养较多"。根据《民法典》的相关规定，法院最终认定裘某、尹小某均有权获得黄某、尹某的部分遗产。本案生动地体现了法律对社会道德和伦理的尊重。

### 特别提示

除上述对被继承人扶养较多的人之外，依靠被继承人扶养的人也可以分得适当的遗产。这里是讲，如果被继承人扶养了一个被人遗弃的小孩，这个小孩也可以依法分得适当的遗产。另外，与被继承人有扶养关系的继承人以外的人仅在遗产按照法定继承办理时可以请求分给适当遗产。如果遗产存在遗嘱或遗赠扶养协议，则不适用。

## 案例111. 打印遗嘱有效，但有前提

### 案情回放

老张有两个儿子，张大和张二。2001年，老张82岁时，老伴去世，老张与儿子张大共同生活了两年，之后一直由张二负责照顾、护理。2005年后，老张基本上生活不能自理。2010年3月的一天，张大用轮椅把父亲从张二家推至打印部，打印了一份遗嘱，内容为老张自愿把遗产都留给张大，由律师李某、陈某到场见证老张签字确认的过程。老张在这个过程中，全程没有说话，由陈某将遗嘱内容念给他听，老张点头表示同意后签名。之后，张大又将老张送回至张二家。2012年年底，老张去世，留下遗产为个人房产一套，该房款原由张二支付，市价约30万元。张二手中有老张曾于2001年自书遗嘱一份，内容为指定张二为遗产唯一继承人。张大因遗产分割问题与张二发生纠纷。

### 快问快答

问：张大诉至法院，请问该案应如何处理？

答：打印遗嘱因不符合法定形式要件而归于无效，法院应认定张二的自书遗嘱。

### 法律依据

**《民法典》第一千一百三十六条**　打印遗嘱应当有两个以上见证人在场见证。遗嘱人和见证人应当在遗嘱每一页签名，注明年、月、日。

### 专家释法

该案件争议的焦点问题是涉案打印遗嘱的法律属性及其效力。在当时的相关法律规定时并没有打印遗嘱的概念，因此法院在处理该案件时主要比照书写遗嘱来认定打印遗嘱的法律效力。书写遗嘱分为自书遗嘱和代书遗嘱，自书遗嘱是被继承人自己书写的遗嘱，代书遗嘱是由被继承人以外的其他人

代为书写的遗嘱。法院认为遗嘱应当符合基本的构成要件，即基础要件——立遗嘱人具有遗嘱自由，实质要件——遗嘱内容真实且合法，形式要件——遗嘱符合基本形式要求。

在本案中打印遗嘱系生产技术发展所带来的社会生活的产物，应当允许打印遗嘱的存在。至于打印遗嘱属于自书遗嘱还是代书遗嘱要看遗嘱形式与固化受何人的意志所控制或主导。具体到本案中，如果老张自己用电脑打出了自己的想法即属于自书遗嘱；如果老张之外的其他人打印的遗嘱则属于代书遗嘱。因此，法院认定该案中的遗嘱属于代书遗嘱。判断代书遗嘱的内容是否为老张的真实意思表示，法院认为打印遗嘱形成时老张仅能点头回应，不能口头表达自己的遗愿，同时尽管有见证人签字，但是主导该打印遗嘱的制作与完成的人没有署名；而张大是继承人之一，不是适格的见证人；两个署名的律师没有主导遗嘱主文形成的过程，没有见证遗嘱人对遗愿的有效表述并重新主导制作书面遗嘱，没有基于老张的特殊情况对当时老张的神志是否清醒以及是否具有意思表示能力进行必要的核实，说明他们没有尽到足够的注意义务，因此他们不是适格的见证人。故而，该打印遗嘱不具备必要的形式要件，从而应认定无效。张二提供的自书遗嘱系张某在意识清醒时自己书写而成，应当认定其法律效力。

### 💡 特别提示

《民法典》中对打印遗嘱进行了明确的规定，需要具备两位适格的见证人签字，遗嘱人和见证人需要在每一页上签字，并且明确记载遗嘱形成的年、月、日，否则打印遗嘱的效力很可能会像该案中的打印遗嘱一样。对于适格的见证人有哪些，请参见本书205页《民法典》第一千一百四十条的具体规定。

# 第六编 继 承

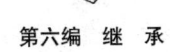

## 案例 112. 老大单独摄制的母亲分配财产的录像，是否有效？

### 案情回放

张某与赵某系夫妻关系，二人育有张大、张二等六个子女。1996 年 11 月 29 日，张某购得某市区一套三居室房屋，并办理了房屋所有权证书。2000 年 5 月 8 日，张某去世。2016 年 6 月 14 日，赵某去世。后张某夫妇的六个子女因为继承遗产的问题发生了争议，诉至法院。庭审中，张大出示了一份录像证据，六个子女一致确认录像中的老人为母亲赵某，赵某在录像中称，上述房屋在其死后归张大所有。张大声称该录像录制于 2015 年 5 月 5 日，地点在张大的居所内，是由张大用其个人手机录制的；录制该录像时，只有张大和母亲赵某两人在场。张大主张应当按照这个视频遗嘱进行处理父母遗产。

### 快问快答

问：该案中的录像遗嘱是否有效？

答：无效。

### 法律依据

**《民法典》第一千一百三十七条** 以录音录像形式立的遗嘱，应当有两个以上见证人在场见证。遗嘱人和见证人应当在录音录像中记录其姓名或者肖像，以及年、月、日。

### 专家释法

本案争议的焦点为继承人张大单独录制的被继承人的视频遗嘱是否有效的问题。在当时的法律规定中，继承的形式只规定了遗嘱继承和法定继承，而遗嘱的方式也只规定了自书遗嘱、代书遗嘱、公证遗嘱和录音遗嘱，对录像遗嘱并无涉及。在此种情况下，法院参照录音遗嘱进行对比，录像遗嘱在具有声音的同时还拥有画面，更有利于还原当时的情况，因此认为可以比照录音遗嘱的相关规定进行审查。本案中的录像遗嘱系由具有利害关系的继承人张大单独录制，且录制该录像时，只有张大和母亲赵某在场，没有见证人在场见证，从而认定不是合法有效的遗嘱形式，本案最终按法定继承进行了处理。

### 特别提示

随着社会科技的不断发展，各种电子形式的载体普遍存在，因此，《民法典》将录像形式的遗嘱纳入其中，并规定了必要的条件，不符合形式要件的录像遗嘱将被认定为无效。

## 案例113. 紧急情况解除后，当时立下的口头遗嘱是否还有效？

### 案情回放

老林有两个儿子，林大、林二。老林的老伴儿去世后就自己一个人在老宅子里独自生活。2005年，老林突发中风，情况十分危急。120救护车把他拉到市医院时，老林恐怕自己将不久于人世了，就当着医护人员的面儿立下口头遗嘱，说明自己去世后，房屋和存款由林大继承，他们母亲留下的一个小盒子由林二继承。经过医护人员的全力抢救，老林有惊无险，病情得到控制并渐渐好转，不久就可以正常生活了。这样，老林又活了好几年才去世。老林去世后，林大认为应当按照老林在医院急救时的口头遗嘱来分配遗产，林二不同意，双方最终因遗产纠纷走上法庭。

### 快问快答

问：本案中是否应当按照老林的口头遗嘱来分配遗产呢？

答：不是，应当按法定继承来分配遗产。

### 法律依据

《民法典》第一千一百三十八条  遗嘱人在危急情况下，可以立口头遗嘱。口头遗嘱应当有两个以上见证人在场见证。危急情况消除后，遗嘱人能够以书面或者录音录像形式立遗嘱的，所立的口头遗嘱无效。

### 专家释法

本案中，老林在紧急情况下立下口头遗嘱，好转之后也未明确表示撤销或者有其他与口头遗嘱的内容相冲突的行为，这种情况下，口头遗嘱是否继续有效呢？口头遗嘱是以口述形式来确定遗嘱人的意思表示，而非书面形式，

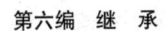

且具有紧急性。在司法实践中,对口头遗嘱效力的认定一般从四个要件中进行分析认定:(1)遗嘱人必须是处在情况危急时刻;(2)遗嘱人立遗嘱时必须具有民事行为能力;(3)应当有两个以上的见证人在场见证;(4)遗嘱人意思表示真实。在实际中常遇到农村中一些老人邀请家庭成员或村干部共同召开家庭会议,以安排其后事的形式所做的口头陈述,如果当时老人已经处于危急时刻,可以认定为口头遗嘱;如果老人没有处在危急时刻,则不能认定为口头遗嘱。本案中,老林形成口头遗嘱的时间确实处于危急情况下,但是其在中风病情好转后,完全有能力用书面或者录音、录像等方式设立遗嘱,这就使他在病发时所立的遗嘱自然失效了。根据《民法典》的相关规定,老林在紧急情况解除之后没有采用其他有效方式设立遗嘱的情况下,只能按照法定继承的方式来分配遗产,也就是林大、林二等额平均分配遗产。

### 特别提示

紧急情况下的口头遗嘱要求有两个以上的见证人在场,这里对于见证人的要求与其他遗嘱中的见证人要求一致,比如,《民法典》第一千一百四十条规定的,与遗嘱有利害关系的人或者无民事行为能力的人等均为不适格的见证人。

## 案例 114. 遗嘱里有一位 10 岁的孩子作为见证人,该遗嘱是否有效?

### 案情回放

薛某与岳某婚后育有四个子女,儿子薛大与三个姐姐。2008 年,薛某与岳某离婚。同年年底,薛某与严某登记再婚。2014 年,薛某取得了房产一套以及丰田轿车一辆。2015 年薛某患癌,在严某陪同下,薛某辗转数家医院进行救治,并支付了薛某的全部住院费用和药费、营养费等近 15 万元。之后,薛大将薛某从某市接回老家医治。2016 年年初,在老家医院薛某的病床前,在薛大的生母岳某和邻床一对陌生父子(父亲 40 岁、儿子 10 岁)的见证下,由薛某的妹妹为其代立遗嘱,遗嘱中载明薛某欲将其婚后与严某共同购买的住房及丰田汽车中属于本人的份额全部由儿子薛大继承。然而,严某对这份遗嘱提出了异议,认为遗嘱的内容虚假,不同意遗产的分配方案,于是薛大将严某告上了法庭,请求法院判决按薛某的遗嘱依法分割遗产。

### 快问快答
问:本案中遗嘱是否有效,薛大的请求能否得到支持?

答:遗嘱无效,薛大的请求不能得到支持。

### 法律依据
《民法典》第一千一百四十条　下列人员不能作为遗嘱见证人:

(一)无民事行为能力人、限制民事行为能力人以及其他不具有见证能力的人;

(二)继承人、受遗赠人;

(三)与继承人、受遗赠人有利害关系的人。

### 专家释法
本案中的关键问题是薛大手中的遗嘱是否有效成立的问题。如果薛大手中的遗嘱有效成立,那么薛大将继承薛某全部的个人遗产;否则的话,应由严某、薛大和他的三个姐姐按照法定继承进行分配。薛大手中的遗嘱是在老家的病床前形成,当时在场的人有薛大的生母、薛某的妹妹也就是薛大的姑姑、邻病床的一位40岁的陌生人和一位10岁大的孩子。在这些见证人中,薛大的生母和姑姑系与薛大有利害关系的人,只有邻床的父子与薛大没有任何利害关系。但是根据《民法典》的相关规定,无民事行为能力人、限制民事行为能力人以及其他不具有见证能力的人不能作为遗嘱的见证人,因此那个10岁大的孩子属于限制民事行为能力人,依法不可以成为遗嘱见证人。因此,薛大所持有的遗嘱将会因为缺乏有效的法定形式要件而归于无效,薛某的遗产将按照法定继承的顺序处理。

### 特别提示
在对见证人的要求中,《民法典》较之前的法律规定有了一定的完善,

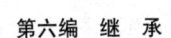

增加了其他不具有见证能力的人,比如文盲或者对遗嘱所使用的语言不能充分理解和掌握的人等,也不可做见证人。另,16 周岁以上以自己的劳动收入为主要生活来源的未成年人,可以做见证人。

## 案例 115. 遗嘱中没有给缺乏劳动能力又没有生活来源的人保留遗产怎么办?

### 案情回放

李某与袁某婚后育有两个儿子,其中大儿子李一健康,二儿子李二是一个无民事行为能力的残疾人。2000 年,李某与袁某自愿协议离婚,约定离婚后李一归李某抚养,李二归袁某抚养。离婚后几年,即 2003 年李某与现任妻子白某再婚,后育有一女李三。李某于 2018 年写了一份遗嘱,遗嘱载明其希望将全部财产留给现任妻子白某。李某与白某曾将该遗嘱拿给李二看过,李二也仔细阅读过,但未提出任何异议。2021 年年初,李某去世。袁某作为李二的法定代理人,将白某、李大、李三告上法庭,要求继承李某遗产的相应份额。

### 快问快答

问:袁某的诉求能否得到法院的支持?

答:袁某的诉求能够得到法院支持。

### 法律依据

《民法典》第一千一百四十一条　遗嘱应当为缺乏劳动能力又没有生活来源的继承人保留必要的遗产份额。

### 专家释法

本案中,李某自书遗嘱,将自己的遗产指定由其现任妻子白某继承,没有为李二保留必要的份额,这样的遗嘱是否有效呢?法院认为,遗产是公民死亡时遗留的个人合法财产,被继承人有权立遗嘱处分个人财产,将个人财产指定由法定继承人的一人或数人继承。李某去世前将全部财产指定由白某继承，故白某系其遗产合法继承人。但是，李二作为李某的儿子，是无民事行为能力的人，李某在遗嘱中未给李二保留必要的遗产份额，违反了《民法典》第一千一百四十一条之规定。从法院在本案中的观点来看，没有为缺乏劳动能力又没有生活来源的继承人保留必要遗产份额的遗嘱系无效遗嘱。最终，本案支持了袁某的诉求，为李二争得了一定份额的遗产。

### 💡 特别提示

我国法律对于必要的遗产份额是按什么标准计算的没有明确的规定，在实践中需要根据个案的具体情况而确定，以满足权利人的生活需要为原则。

## 案例116. 老人立完遗嘱后，又将遗嘱所涉房产过户给他人的，继承人应该如何处理？

### 📽 案情回放

老杨与妻子育有一儿一女，大儿子杨大，二女儿杨二。老杨与妻子经过十几年辛苦劳作，除了在村子里有两处宅基地外，还在附近城镇买了一套别墅。老杨妻子因患疾病早逝，之后老杨一个人生活了几年。杨大、杨二工作生活繁忙，也不经常去看望老杨，年迈的老杨十分孤独。这时，王某在村委会组织的活动中与老杨相识。两人聊得非常投机，得知王某也是一个人时，老杨表示想和王某结婚，一起生活。老杨把这个决定告诉了自己的儿女，杨大、杨二感觉王某是为了老杨的房产才想跟他在一起的，于是就跟老杨讲条件，说只要老杨肯立遗嘱把房产给杨大、杨二，他们就不干涉这个事情。当天老杨立下遗嘱，明确在自己死后房产归杨大、杨二继承。可是，老杨与王某登记结婚后，感情越来越好。老杨生病时，王某床前伺候，老杨非常感激王某对自己生活的照顾，恐怕自己百年之后儿女把王某赶出去，决定将两人居住的别墅过户至王某名下。过户后两个月，老杨去世，杨大、杨二发现别墅已经过户至王某名下，即诉至法院请求王某返还房产。

## 第六编 继 承

**🔊 快问快答**

问：杨大、杨二的诉求能否得到法院的支持？

答：杨大、杨二的诉求不能得到法院的支持。

**法律依据**

《民法典》第一千一百四十二条　遗嘱人可以撤回、变更自己所立的遗嘱。

立遗嘱后，遗嘱人实施与遗嘱内容相反的民事法律行为的，视为对遗嘱相关内容的撤回。

立有数份遗嘱，内容相抵触的，以最后的遗嘱为准。

**专家释法**

《民法典》的上述规定是对遗嘱作出后，发生撤回、变更以及多份遗嘱之间的效力顺位的规定。撤回是指遗嘱人立遗嘱之后，又对该遗嘱加以取消。除了直接撤回，《民法典》增加了视为撤回的情形，在遗嘱人虽然没有明示的意思表示撤回遗嘱，但是其行为已经作出了与遗嘱内容相冲突的行为，在这种情况下应当视为遗嘱人对遗嘱的撤回。结合本案的事实，老杨在与王某结婚之前，应儿女的要求立下遗嘱，遗嘱内容所涉及的房屋在老杨生前又被他转让给王某。老杨的行为实际上构成了《民法典》规定的视为撤回遗嘱的情形。因此，老杨的子女无权请求王某返还财产。

**特别提示**

《民法典》对于遗嘱的规定较之前的法律规定除了上述增加的内容，还做了重要修改，就是删除了公证遗嘱优先效力的规定。在以前的法律规定中，只要遗嘱公证过，就不可以再撤销或者变更。根据《民法典》的规定，有数份遗嘱的以最后的为准。因此，即便是之前的遗嘱经过了公证，也不再享有优先效力。

## 案例117. 遗赠扶养协议签订后，受遗赠人未履行相应义务怎么办？

### 案情回放

老张年迈老弱多病，生活不能自理。老张与村委会共有一套楼房，为了解决老张晚年无人照顾的问题，村委会决定在村子里找一个合适的人选，有条件作为老张的监护人，并愿意签订遗赠扶养协议。经人介绍，2012年2月，小杨与村委会和老张签订了遗赠扶养协议，约定小杨对老张履行生养死葬义务，承担衣食住行及医疗费用，保证其生活水平不低于所在社区老人的一般水平，能够安度晚年，且向村委会补足楼房差价款后，将老张的楼房赠与小杨。协议签订后，老张随小杨一起生活。老张在言语和精神方面均为一级残疾，不识字且没有语言表达能力。2013年3月29日，老张走失，小杨的家人四处寻找未果，遂报案。2015年7月，老张失踪满两年，经村委会申请宣告老张失踪。小杨请求获得老张的房产，遭到村委会拒绝，并起诉小杨到法院，请求解除三方签订的遗赠扶养协议。

### 快问快答

问：村委会的请求是否会得到法院的支持？

答：村委会的请求会得到法院的支持。

### 法律依据

**《民法典》第一千一百四十四条** 遗嘱继承或者遗赠附有义务的，继承人或者受遗赠人应当履行义务。没有正当理由不履行义务的，经利害关系人或者有关组织请求，人民法院可以取消其接受附义务部分遗产的权利。

### 专家释法

本案中的焦点问题是小杨是否完全履行了遗赠扶养协议所约定的义务，以及村委会是否有资格提起诉讼。老张系村民，独身一人且残疾，生活不能自理，属于限制民事行为能力人，村委会依法为其监护人。同时，遗赠扶养协议约定的房屋系村委会与老张共有，村委会是本案的利害关系人。小杨未按协议约定悉心照顾老张起居，明知其智力缺陷、语言表达含混不清却未采

## 第六编　继　承

取预防措施，未妥善尽到管护义务致其走失，存在重大过失。根据《民法典》的上述规定，小杨未完全履行协议约定的义务，作为利害关系人的村委会有权请求人民法院取消其接受附义务部分遗产的权利。因此，法院会支持村委会的诉求，解除遗赠扶养协议，取消小杨接受附义务部分遗产的权利。

### 💡 特别提示

关于附有义务的遗嘱继承或遗赠，在实践中需要注意的是，如不履行约定义务，被取消的是其接受附义务部分遗产的权利。如果继承人还是法定继承人之一，其法定继承权利不受影响。

### 案例118. 存有遗产的遗嘱执行人未按遗嘱内容分配遗产的如何处理？

#### 案情回放

老李与前妻育有两个儿子，李大、李二，与现任妻子育有一个儿子李三和四个女儿。2013年7月，老李立下遗嘱，内容为自己的遗产由三个儿子平均分配，同时他又通过书面的形式指定自己的外甥周某作为遗嘱执行人，并当场把存有50万元资金的存折交给周某管理，用于支出自己的生活费、医疗费及丧葬费，托管结束后的账户内余额作为遗产由三个儿子平均分配。两年后，老李病故，料理完丧事后，账户内剩余款项30万元。之后，周某分配给李二五万元用于给老李前妻购买墓地；分配六万元给李三，用于老李周年纪念等事宜；剩余19万元，周某与李二商议，将其中的16万元分给了老李的四个女儿，每人四万元，最后剩余三万元分配给了李二。李大得知后，对周某的分配十分不满，于是李大将周某、李二告上法庭，请求返还老李的遗产，并按遗嘱的方式进行分配。

#### 🔊 快问快答

问：李大的诉求是否能得到支持？

答：李大的诉求可以得到支持。

199

### 法律依据

《民法典》第一千一百五十一条　存有遗产的人，应当妥善保管遗产，任何组织或者个人不得侵吞或者争抢。

### 专家释法

《民法典》本条是对于遗产保管的规定。存有遗产的人有义务保管遗产，不管是基于什么理由而存有遗产，都有保管义务。遗产是公民死亡时遗留的个人合法财产，公民可以依法制定遗嘱处分个人财产，并可以指定遗嘱执行人。周某系老李指定的遗嘱执行人，也是遗产的存有人。继承开始后有遗嘱的，按照遗嘱继承办理。结合本案事实，老李立下遗嘱明确其遗产由三个儿子平均分配。遗嘱执行人应当严格按照遗嘱的具体指示进行分配。周某作为遗产的保管人，擅自处分老李的遗产，既不能提供证据证明处分遗产的行为是老李的意思表示，也没有征得全体遗嘱继承人的同意。因此，周某应当返还老李的遗产30万元，给三个遗嘱继承人平均分配。

### 特别提示

《民法典》在此规定的保管义务是消极的保管义务，也就是说保管人没有义务确保遗产保值增值。但是，如果遗产是易腐坏的物品，《民法典》要求保管人应妥善保管，这时保管人就有义务予以变卖、拍卖，以防止遗产丧失价值。

## 案例119. 继承开始以后，继承人在财产分割前死亡的如何处理？

### 案情回放

老谭有三个儿子，谭大、谭二、谭三。谭大与妻子李某结婚，婚后育有一子，名小谭。谭二未婚独自一人生活。谭三结婚无子女。老谭夫妇早年双亡，留下房屋五间，存款五万元和一些家具。谭二中年之后，因患病不治而亡，留下存款二万元。无独有偶，谭大也在谭二去世后不久，因交通事故突然去世。谭三心想，兄弟三人只剩我一个了，两位哥哥和父母的遗产均应当由他一人

## 第六编 继 承

继承。小谭却认为自己有权利继承爸爸、叔叔的遗产。两人互不相让，诉至法院。

### 快问快答
问：本案中小谭是否可以继承谭大和谭二的遗产？
答：小谭可以继承谭大和谭二的遗产。

### 法律依据
《民法典》第一千一百五十二条 继承开始后，继承人于遗产分割前死亡，并没有放弃继承的，该继承人应当继承的遗产转给其继承人，但是遗嘱另有安排的除外。

### 专家释法
这是《民法典》中关于转继承的规定。转继承发生的时间点为被继承人死亡后，遗产分割前。关于继承人应当继承的遗产只要是应由继承人继承的财产都适用转继承。本案中老谭夫妇的遗产按法定继承的顺序由第一顺位继承人也就是谭大、谭二、谭三三人进行等额继承。可是，继承开始后，遗产开始分割前，谭大和谭二相继去世。这种情况下，谭二应当继承的以及他自己的遗产，由于他没有第一顺位继承人，那么依法应由第二顺位继承人也就是他的兄弟——谭大和谭三进行继承，该遗产分割前谭大也去世了，则谭二留下的应当由谭大继承的份额依法转由他的法定继承人予以继承，也就是说谭大应当继承的遗产由小谭和母亲李某继承。这种继承制度就是转继承。因此，本案中谭大的财产由小谭和母亲李某继承，谭二的遗产则由谭三、小谭和他的母亲李某共同继承。

### 特别提示
应重点区分转继承与代位继承的区别，两者有一定的相似之外，也有很多不同，一是继承人死亡时间不同，代位继承是继承人先于被继承人死亡，转继承是继承人后于被继承人死亡；二是继承人的范围不同，代位继承的范围是被继承人的子女的直系晚辈血亲以及被继承人的兄弟姐妹的子女，转继承中所转位的继承人是所有的法定继承人；三是代位继承仅在法定继承中出现，转继承则既适用于法定继承，也适用于遗嘱继承。

**案例120. 未给胎儿保留遗产份额的遗产分割协议是否有效？**

### 案情回放

赵某有两个儿子赵大和赵二。赵大于2000年与刘某结婚。2001年春节期间，赵大死于车祸。赵大死亡时，其妻刘某已经怀孕五个月。赵二时年近20岁，但还没有结婚。赵大死后，刘某仍然和赵某、赵二共同生活在一起，没有分家单独生活，也从未提出赵大的遗产分割问题。不巧，2001年3月，赵某在一次交通事故中意外身亡。在处理完赵某的丧事后，赵二跟刘某提出自己是父亲的唯一继承人，哥哥的遗产可以由自己和刘某平均分割，刘某自己的嫁妆属于刘某可以带走。刘某当时也同意了这种分割方案。两个月后，刘某生下一个男孩，在刘某父母的提醒下刘某觉得当初与赵二达成的分割协议没有给孩子留下财产有些不公平，遂找赵二理论，要求重新分割赵某和赵大的财产，赵二不同意。刘某诉到法院，要求认定自己与赵二之间的遗产分割协议无效。

### 快问快答

问：刘某的请求是否会获得法院的支持？

答：刘某的请求会得到支持。

### 法律依据

**《民法典》第一千一百五十五条** 遗产分割时，应当保留胎儿的继承份额。胎儿娩出时是死体的，保留的份额按照法定继承办理。

### 专家释法

本案的焦点问题是没有为胎儿保留应继承份额的协议是否具有法律效力；以及分割协议已经履行完毕，其他继承人是否可以行使继承恢复请求权的问题。本案中，刘某在与赵二签订遗产继承协议时，腹中的胎儿已经八个月了，双方的协议中没有考虑为胎儿保留应当继承的相应份额，违反了法律的规定。根据《民法典》的规定，遗产分割时应当保留胎儿的继承份额，因此双方的协议因违反了此条规定而归于无效。本案包含了两份遗产的分割，一份是赵某的遗产，一份是赵大的遗产，在两份遗产中均未为胎儿保留继承的份额。赵某的遗产本应由赵大、赵二继承，由于赵大先于赵某去世，故而应由赵大继承的部分由其胎儿依法代位继承。赵大的遗产应当由刘某和腹中的胎儿进行继承。那么，在什么情况下可以行使继承恢复请求权呢？通常是不当继承人在无权占有的情况下实际占有了遗产，并且该不当继承人否认真正继承人的继承权。本案恰恰是赵二否认了胎儿的法定继承权，且实际占有了遗产。因此，刘某的请求会得到法院的支持。

### 特别提示

在为胎儿保留遗产份额时，不仅包括法定继承时的继承份额，也包括遗嘱继承时的继承份额。另，当胎儿出生时为死体的，该保留份额不会被撤销，而是按照法定继承进行分割。

## 案例121. 丈夫死亡后，妻子欲再婚，面对公婆的过分要求该怎么办？

### 案情回放

肖某与妻子小江婚后育有一女，两人共同购买了两套商品房，日子过得红红火火。不料，肖某驾车外出，发生交通事故而过世，时年35岁。肖某过世后，他的父母老肖和老杨由于痛失爱子失去理智，把肖某的户口本、存折都抢在手里，不允许小江去做户口登记注销。两年后，小江与李某相识，两人情投意合，小江想带着女儿把房子变卖后跟李某再婚。这时，老肖和老杨出面阻止小江，不配合她变卖房子。声称如果小江要嫁人，不能带走一分钱。小江无奈之下诉至法庭，要求分割肖某的遗产。

### 快问快答

问：小江的请求是否能得到支持？

答：小江的请求理应得到支持。

### 法律依据

《民法典》第一千一百五十七条　夫妻一方死亡后另一方再婚的,有权处分所继承的财产,任何组织或者个人不得干涉。

### 专家释法

《民法典》本条规定了夫妻在世一方对继承的财产有自由的处分权。本案中,由于肖某去世时太年轻,他的父母一时难以接受失去儿子的痛苦,也想着儿媳和孙女能够一直继续跟他们一起生活,但是这种想法是小江不能接受的。因此,肖某父母想尽办法为小江的离开设置障碍,而这种行为实际上侵害了小江对继承的财产的自由处分权。结合本案的事实,肖某去世后,应当先将他与小江的共同财产进行分割,然后属于肖某自己所有的部分成为遗产,由他的父母和妻子小江、女儿共同按照法定继承的原则予以分割。由于肖某的死亡,他与小江的婚姻关系也就消灭了。小江有权与他人缔结新的婚姻关系。当小江提出分割遗产并带走属于自己的财产时,任何人无权干涉。因此,肖某父母的要求没有任何法律依据,小江的请求理应得到法院的支持。

### 特别提示

夫妻任何一方死亡,另一方均有再婚的权利。

## 案例122. 继承人继承遗产后,是否应当清偿被继承人的全部债务?

### 案情回放

文某有两个儿子,文大、文二。2017年6月7日,在某酒店内,文某表示需要向李某借款六万元,约定季度利息800元。当天,李某到银行支取现金交与文某,文某出具借条显示:"今借到李某现金陆万元,一年归还,利息每季度800元……见证人罗某、舒某。"2017年12月,文某因交通事故意外身亡,其儿子文大于2018年3月向当地公安局申报文某居民死亡户籍注销,文某的遗产有二间房屋和一万元存款。李某得知文某死亡的消息之后,

## 第六编 继 承

多次要求文某的妻子王某、儿子文大和文二偿还借款，均遭到拒绝，遂诉至法院。

### 快问快答

问：李某的请求是否能得到支持？

答：在文某的遗产范围内李某的请求可以得到支持，超出遗产实际价值的部分得不到支持。

### 法律依据

**《民法典》第一千一百六十一条** 继承人以所得遗产实际价值为限清偿被继承人依法应当缴纳的税款和债务。超过遗产实际价值部分，继承人自愿偿还的不在此限。

继承人放弃继承的，对被继承人依法应当缴纳的税款和债务可以不负清偿责任。

### 专家释法

本案中，文某在债务还未到期时意外身亡，这种情况下债权人应当如何实现债权，文某的继承人是否有义务偿还被继承人的债务呢？文某去世后，其遗产由其妻子和两个儿子按照法定继承进行分割。文某的妻子和儿子在继承文某遗产的同时，也就相应地承继了文某的债务。但是，如果文某的遗产只有二间房屋和一万元钱，那么他的继承人是否依然应当偿还六万元的债务呢？根据权利与义务对等原则，《民法典》明确规定，继承人以所得遗产的实际价值为限承担清偿责任。本案中，文某的二间房屋的实际价值需要评估确定。文某的妻儿应在房屋评估后的实际价值加一万元现金的范围内清偿李某的债务；超过的部分，则无法被清偿。

### 特别提示

实践中，如果继承人放弃继承的，则该继承人不承担任何清偿责任。这里还有一个除外的规定，就是如果继承人自愿清偿的，法律不予干涉。另，实际价值是指该物的重置成本减去折旧或自然磨损后确定的价值。

# 第七编

# 侵权责任

## 内容概要

侵权责任是民事主体在民事活动中侵害到他人权益而产生的应当承担的法律后果。在《民法典》之前，主要由《侵权责任法》予以规范调整，在总结实践经验的基础上，对侵权责任领域出现的新情况，吸收借鉴司法解释的有关规定，对侵权责任制度进行了修改和补充完善；以更好地保护民事主体的合法权益，明确侵权责任，预防和制裁侵权行为。本编共计10章，95个条款。

本编第一章主要规定了对侵权责任的调整范围，明确责任认定原则、责任承担方式、共同侵权、教唆帮助他人侵权、共同危险行为以及无意思联络的分别侵权的责任承担方式等。本章是对原《侵权责任法》的前三章进行合并编纂而成。同时还**增加**了自力救济制度。为了防止民事主体以自力救济为名实施侵害他人权益的情况发生，还规定了对于采取措施不当的，应当承担侵权责任。

第二章主要规定了人身损害赔偿涉及的相关内容。在损失计算标准中**增加**了一项侵权人因此获得的利益也可作为法院确定赔偿数额的标准。《民法典》在损害赔偿制度中，完善了精神损害赔偿制度，**增加**了因故意或重大过失侵害自然人具有人身意义的特定物造成严重损害的，被侵害人有权请求精神损害赔偿。另外，对于故意侵犯知识产权，情节严重的，被侵权人有权请求相应的惩罚性赔偿。

第三章在责任主体的特殊规定之中，在吸收侵权责任法的相关

## 第七编 侵权责任

规定的基础上，**增加**了受托监护人的责任承担规则，还增加了在工作人员造成他人损害时，用人单位在承担侵权责任后的追偿权。另外，针对民事主体利用网络服务侵害他人权益的，**增加**了权利人的通知和网络提供者的转通知规则。

本编在第四章至第十章分别规定了产品责任、机动车交通事故责任、医疗损害责任、环境污染和生态破坏责任、高度危险责任、饲养动物损害责任和建筑物和物件损害责任。

在产品责任中，明确了生产者、销售者对于缺陷产品的召回义务，完善了召回措施所产生的必要费用应由生产者、销售者承担。

在机动车交通事故责任中，**明确**了交通事故损害赔偿的先后顺序，应先由机动车强制保险理赔，不足部分由机动车商业保险理赔，仍然不足的则由侵权人进行赔偿。**补充**规定了盗窃、抢夺车辆与实际使用人不一致时交通事故的赔偿原则，以及无偿搭乘行为下发生交通事故时机动车一方的责任承担原则。

在医疗损害责任中，明确适用过错责任原则，主要规定了医疗损害责任的归责原则，增加了药品上市许可持有人对于药品不合格造成患者损害时的赔偿责任。加强了医疗机构及其医务人员对患者隐私和个人信息的保护。

在环境污染和生态破坏的责任中，明确适用无过错责任原则，只要侵权人的行为与受害人的损害后果存在因果关系，不管侵权人主观上是否存在过错，都应当对其污染行为造成的损害承担侵权责任。《民法典》在此编规定了生态环境的惩罚赔偿制度，并明确规定了生态环境损害的修复和赔偿规则。

在高度危险责任中明确了同样适用无过错责任原则。**明确**占有或者使用高度危险物造成损害的，应当承担民事责任，**增加**了行为人有故意或重大过失的除外情形。在饲养动物损害责任中明确适用无过错责任原则，增加补充了能证明损害是因被侵权人故意造成的，可以减轻责任。

在建筑物和物件损害责任中，完善了高空抛物、坠物治理规则，明确禁止从建筑物中抛掷物品，同时增加了针对此类事件处理的主要困难是行为人难以确定的问题时，强调有关物业、公安机关等应当依法及时调查，查清责任人，并规定物业服务公司等建筑物管理人应当采取必要的安全保障措施防止此类行为的发生。同时，还增加了对于公共道路管理人不能证明已经尽到清理、防护、警示义务的，应当承担相应的责任。

# 第七编 侵权责任

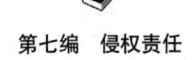

## 案例 123. 教唆未成年人实施侵害同样要担责

### 案情回放

李某，19 周岁，整天游手好闲，除了打游戏就是到处转悠。李某的邻居家里有个八周岁的孩子小徐，放了学总是爱找李某一起打电子游戏。一天，李某被同村村民施某骑车撞了一下，李某从此怀恨在心。过了两天，李某和小徐走在路上，看到施某正在收粮食，就教唆小徐用石头投施某。结果，小石块打中施某的头部，鲜血直流，后送到医院救治缝了三针，花去医疗费 2000 多元。

### 快问快答

问：施某的损失应当由谁来承担？

答：应当由李某承担。

### 法律依据

《民法典》第一千一百六十九条　教唆、帮助他人实施侵权行为的，应当与行为人承担连带责任。

教唆、帮助无民事行为能力人、限制民事行为能力人实施侵权行为的，应当承担侵权责任；该无民事行为能力人、限制民事行为能力人的监护人未尽到监护职责的，应当承担相应的责任。

### 专家释法

上述规定明确了针对完全民事行为能力人，以及无民事行为能力人、限制民事行为能力人的教唆、帮助实施侵权行为的责任承担问题。如果被教唆的是完全民事行为能力人，则侵权责任由教唆人、帮助人与行为人共同承担连带责任。如果是无民事行为能力人或限制民事行为能力人，则由教唆人、帮助人单独承担侵权责任。本案中小徐八周岁，依据法律规定为限制民事行为能力人，而小徐的投击行为系李某的教唆所致，没有李某的教唆，小徐不可能实施该侵权行为。李某作为成年人，具备完全的民事行为能力和民事责任能力，实施了教唆限制民事行为能力人实施侵权行为，其应该承担相应的责任。另，小徐的父母在本案中不存在见到小徐实施侵权行为未予制止等不尽监护职责的情况。因此，本案中李某应单独承担施某的损失。

**特别提示**

在实践中，教唆人或帮助人应具有教唆、帮助的主观故意。另，根据本条第二款规定，监护人未尽监护职责应当承担相应责任的情况下，需要注意的是，此处的相应责任不同于第一款中的连带责任，相应责任根据具体案情而确定，并且监护人是否尽到监护职责目前尚无统一的认定标准。

### 案例124. 自愿参加文体活动，受到其他参加人损害，责任谁承担？

**案情回放**

村委会组织村民开展国庆大联欢文体活动，村民自愿参加，自行编排节目进行表演。节目表演后由群众进行投票，票数最高的前三名将会获得5000元现金大奖。李某、张某、王某曾经在同一个杂技表演队工作，三人商议决定报名表演《叠罗汉》。王某在下面，张某在中间，李某在最上面。表演当天，李某按三人之前彩排的动作刚刚站到上面，王某就支撑不住倒下了，致使李某从上面摔下来，腿部摔骨折，住院两个星期，花去医药费近万元。

**快问快答**

问：李某应该怎么办？

答：李某可以请求村委会承担未尽安全保障义务的相应责任。

**法律依据**

《民法典》第一千一百七十六条　自愿参加具有一定风险的文体活动，因其他参加者的行为受到损害的，受害人不得请求其他参加者承担侵权责任；但是，其他参加者对损害的发生有故意或者重大过失的除外。

《民法典》第一千一百九十八条　宾馆、商场、银行、车站、机场、体育场馆、娱乐场所等经营场所、公共场所的经营者、管理者或者群众性活动的组织者，未尽到安全保障义务，造成他人损害的，应当承担侵权责任。

## 第七编　侵权责任

因第三人的行为造成他人损害的，由第三人承担侵权责任；经营者、管理者或者组织者未尽到安全保障义务的，承担相应的补充责任。经营者、管理者或者组织者承担补充责任后，可以向第三人追偿。

**《民法典》第一千一百九十九条**　无民事行为能力人在幼儿园、学校或者其他教育机构学习、生活期间受到人身损害的，幼儿园、学校或者其他教育机构应当承担侵权责任；但是，能够证明尽到教育、管理职责的，不承担侵权责任。

**《民法典》第一千二百条**　限制民事行为能力人在学校或者其他教育机构学习、生活期间受到人身损害，学校或者其他教育机构未尽到教育、管理职责的，应当承担侵权责任。

**《民法典》第一千二百零一条**　无民事行为能力人或者限制民事行为能力人在幼儿园、学校或者其他教育机构学习、生活期间，受到幼儿园、学校或者其他教育机构以外的第三人人身损害的，由第三人承担侵权责任；幼儿园、学校或者其他教育机构未尽到管理职责的，承担相应的补充责任。幼儿园、学校或者其他教育机构承担补充责任后，可以向第三人追偿。

### 专家释法

《民法典》增加的上述规定是对自承风险的规定。自承风险是指受害人明知风险存在，仍愿意主动地参与到该风险当中，如其因为风险成真而使自己遭受损失的，致害人免除或减轻民事责任。自承风险可以分为明示的自承风险与默示的自承风险两种，其中默示自承风险是指受害人虽没有使用明确的方式表示愿意自行承担风险及风险发生后的后果，但通过受害人的行为可以推理出其具有该类意思表示。结合本案事实，李某在决定表演《叠罗汉》这个节目时，应已意识到该节目在实际表演过程中可能会发生风险，依然自愿参加村委会组织的活动，可以认定为典型的默示自承风险的行为。本案的致害人王某既无故意也无重大过失，因此王某不应承担相应的责任。村委会作为活动的组织者，应当为参加者提供正常的安全保障，尽管该活动系自愿参加。依据《民法典》的规定，村委会作为群众性活动的组织者，应尽到一般安全的保障义务，比如为参加者提供柔软的表演场地，或者相应的保护措施等，如未能提供，则应依法承担相应的侵权责任。因此，本案中李某可诉请村委会承担相应赔偿责任。

**特别提示**

在实践中有可能存在不当地援用自承风险条款免责的情况，所以要注意，如果其他参加者对损害的发生有故意或重大过失的，行为人应当承担责任。

### 案例125. 小牛偷吃别人种的菜被打死，合适吗？

**案情回放**

村民李某承包了村子里的两个大棚，用于种植蔬菜。春节期间正值蔬菜的销售旺季，有一天，同村村民张某饲养的两头小牛，闯入了李某的大棚，把里面已经成熟正待收取的蔬菜踩踏一空。李某进入大棚看到这一景象，立即火冒三丈，拿了一把锄头就把两头小牛其中一头腿打折，另一头打得倒在地上奄奄一息。张某得知此情况后，十分心痛，却不知如何是好。

**快问快答**

问：李某、张某各自应当如何处理？

答：李某的蔬菜损失应当由张某承担，但是张某的小牛损失应由李某承担。

**法律依据**

《民法典》第一千一百七十七条　合法权益受到侵害，情况紧迫且不能及时获得国家机关保护，不立即采取措施将使其合法权益受到难以弥补的损害，受害人可以在保护自己合法权益的必要范围内采取扣留侵权人的财物等合理措施；但是，应当立即请求有关国家机关处理。

受害人采取的措施不当造成他人损害的，应当承担侵权责任。

第七编　侵权责任

### 专家释法

《民法典》上述内容规定了公民的自力救济，就是当损害正在发生时，如不及时制止损失将难以弥补。本案中，张某饲养的牛闯入李某的大棚，把蔬菜踩坏，造成了李某的实际损失。在这种情况下，李某应采取合理的措施制止侵害，比如把牛用绳子拴好牵到大棚外面，甚至把牛留置并要求张某对损害进行赔偿都是正确的做法。而李某却将小牛打伤甚至打死，这一行为使得本来是受害者的李某，由于采取了不当的措施，变成了加害者。根据《民法典》的相关规定，李某应当对其不当措施给张某造成的损失承担相应的责任。因此，本案中，李某、张某均有权对自己所遭受的损失向法院主张赔偿。

### 特别提示

对于自力救助最应当注意的是，保护自己合法权益的必要范围和采取合理的措施，主要是规范在救助自己的权益时，也应当考虑到他人的权益；不可只保护自己的权益，而肆意侵害他人的合法权益。还应当注意，自助行为结束后，应当立即请求有关国家机关处理，如果自助人怠于寻求公权力机关救济或被公权力机关认定为超出必要限度的，仍需依侵权行为承担相应后果。

## 案例126. 旅游照遗失给顾客带来精神损害，顾客能否要求精神损失费？

### 案情回放

贾某年近七十，身体状况明显不如以前。儿女在外地发展，工作生活也都不错。贾某唯一的遗憾就是还没有去南方看看，儿女得知后，就在春节期间带着贾某去三亚领略一下南国风情。一家人玩了两个星期，照了很多的记录快乐时刻的照片。回来后，贾某的儿子把照片放到一个U盘里，想到贾某没有办法看电子照片，就把U盘交给一个照片冲洗店，想着洗出来后给贾某留作留念，并特意交代冲洗店，这个照片对于其父亲意义重大。结果，等到取照片的时候，冲洗店告知贾某儿子U盘丢了，所以照片也没有洗出来。贾某儿子将此事告知贾某，贾某精神立刻不同于往常，而且难以接受这一事实。

### 快问快答

问：贾某应当如何处理？

答：贾某可以诉请冲洗店赔偿精神损失费。

### 法律依据

**《民法典》第一千一百八十三条** 侵害自然人人身权益造成严重精神损害的，被侵权人有权请求精神损害赔偿。

因故意或者重大过失侵害自然人具有人身意义的特定物造成严重精神损害的，被侵权人有权请求精神损害赔偿。

### 专家释法

基于特定物的损害而提起的精神损害赔偿，《民法典》进行了严格的限定。只有当侵权人明知是"具有人身意义的特定物"而故意加以侵害且造成严重精神损害的，才能要求其承担精神损害赔偿。实践中主要涉及的物品类型包括，与近亲属死者相关的特定纪念物品、与结婚礼仪相关的特定纪念物品、与家族祖先相关的特定纪念物品。本案中，贾某儿子将贾某认为非常重要的照片电子版交给冲洗店进行冲洗，本是一个很简单的合同关系。但是，冲洗店工作人员将贾某的照片丢失，给贾某造成了无法补救的损失，同时也造成贾某精神上的损害。这种情况下，冲洗店可能会以行业的相关规定为由，只是以U盘的价格为标准进行赔偿。而此事对贾某的精神却造成了难以弥补的损害。这种情况下，贾某以及贾某儿子可以依据《民法典》的上述规定，请求冲洗店给予相应的精神损害赔偿。

### 特别提示

实践中法官对于认定具有人身意义的特定物的自由裁量权较大。于是《民法典》增加了这一条款，从立法意图上解读，对具有人身意义的特定物应遵循严格限定的原则，同时还要求侵权人明知该物品为"具有人身意义的特定物"的情况下，才可以要求精神损害赔偿。像本案中，照片为普通的旅游照片，且照片内人物还健在，按照严格限定的要求较难认定为具有人身意义的特定

第七编 侵权责任

物,虽然上述案例最终法院支持了贾某精神损害赔偿的请求,但是《民法典》实施之后,类似这种的案例可能会被从严考量。另,具有人身意义的照片类物品在实践中,通常有遗像、与婚姻礼仪相关的录像、照片等。

## 案例127. 被侵害的财产不断增值,该如何确定损失的赔偿数额?

### 案情回放

王某向陈某借款20万元,期限为一年,为了保证按期还款,便将自己名下的一套商品房所有权证书抵押给了陈某。王某到期未能偿还债务,陈某便与王某商量通过虚假买卖的方式从银行套取贷款。于是陈某找到一家房屋中介服务人员仲某,让王某出具全权委托书,委托仲某全权代表王某办理该房屋的买卖合同、收取房款、房屋贷款、过户等事项,并将委托手续进行了公证。为了把自己的借款拿回来,陈某便串通仲某,私自将该房屋过户至陈某弟弟的名下。2019年3月7日,仲某便以王某的名义与陈某弟弟签订了买卖合同,并当天将该房产过户至其名下,为此陈某弟弟代王某归还了30万元的银行按揭款,当时房屋市价为50万元。2019年12月,陈某弟弟便私自将房屋转让给了不知情的第三人李某,签订的买卖合同显示房屋销售价格已经升值为70万元,评估价为90万元。2019年12月底,王某发现房子已经被几次过户自己却不知道,于是便把陈某、陈某弟弟、仲某告上了法庭,请求法院认定仲某代表自己签订的买卖合同无效,并承担房屋不能返还的侵权责任。

### 快问快答

问:王某的损失金额应当按照什么标准确定?

答:王某的损失应按损失发生时,也就是2019年12月陈某弟弟将房屋转给不知情的第三人时的标准确定。

### 法律依据

《民法典》第一千一百八十四条 侵害他人财产的,财产损失按照损失发生时的市场价格或者其他合理方式计算。

### 专家释法

本案的焦点问题是陈某、陈某弟弟、仲某的行为导致了王某的财产损失，那么也就是王某的财产损失是按哪个数额进行计算的问题。首先，本案中仲某以王某的名义与陈某弟弟签订的房屋买卖合同依法应当认定为无效合同（《民法典》第一百五十四条规定，行为人与相对人恶意串通，损害他人合法权益的民事法律行为无效）。对于该无效合同给王某造成的经济损失，实际上涉案的四人均有过错，应当各自承担责任。2019年12月，陈某弟弟将涉案房屋转让给不知情的第三人时，该第三人依善意取得原则有权获取该房屋的所有权。也就在此时，王某的房屋已经无法返还，实际损失已经发生。根据《民法典》的上述规定，应当按照2019年12月房屋转让过户当天的市场价格计算，也就是评估价90万元的标准来计算，去掉销售价格70万元，20万元的差额即为王某的实际损失。

### 特别提示

本条中"其他合理的方式"在法律中并没有给出明确的范围，而是依据个案的不同，由法官自由裁量。

## 案例128. 驾驶单位的车辆发生交通事故造成他人损害，单位应承担赔偿责任

### 案情回放

小吴系某单位工作人员，主要负责车辆管理。一天晚上9点，小吴驾驶着单位的一辆货车外出，在由东向西右转弯的人行道上将郝某撞倒。事后，经区交警大队出具的一份事故认定书显示，小吴负事故的全部责任。受害人郝某两次住院治疗，损伤程度经鉴定为八级伤残。小吴事后支付了郝某的住院费用，但是对于其他赔偿等费用，拒绝给付。为维护自己的权益，郝某将小吴的工作单位告上法庭，请求支付相应的赔偿责任。

## 第七编 侵权责任

### 🔊 快问快答
问：该案是否应当由小吴的工作单位承担责任？

答：是的。

### 法律依据
《民法典》第一千一百九十一条　用人单位的工作人员因执行工作任务造成他人损害的，由用人单位承担侵权责任。用人单位承担侵权责任后，可以向有故意或者重大过失的工作人员追偿。

劳务派遣期间，被派遣的工作人员因执行工作任务造成他人损害的，由接受劳务派遣的用工单位承担侵权责任；劳务派遣单位有过错的，承担相应的责任。

### 专家释法
本案中的焦点问题是小吴驾车撞伤郝某，他的单位是否应当担责的问题。小吴的单位认为，小吴晚上 9 点是非工作时间，小吴的行为并非发生在执行公务的时间。但是法院在审理的过程中认为，该单位是肇事车辆的所有权人，而驾驶该车辆的小吴又是该单位的正式员工。小吴的工作职责就是管理单位的车辆，享有车辆的调配权，其在非工作时间将车辆开出应视为单位对其开车外出的行为给予了授权与认可。因此，该单位应当对外承担其员工小吴驾车肇事造成郝某人身损害后果的民事赔偿责任。

### 特别提示
《民法典》在用人单位的责任内容中增加了单位的追偿权，也就是案例中该单位对外承担了赔偿责任之后，如果认为小吴非工作时间驾车外出的事情系违反单位管理制度等情况的，可以依法向小吴进行追偿。此种用人单位的追偿权系《民法典》新设权利，在之前的法律法规中并无单位追偿权的设定。

### 案例 129. 邻里之间互相帮忙盖房子，帮工意外受伤，谁来承担责任？

**案情回放**

郭某居住的房子时间久远，屋顶破落，决定进行翻修。于是，在村子里请来胡某、韩某等五人帮忙。在外墙搭起架子后，村民田某骑着电动车，从架子旁边经过，刮倒了架子上的一根杆子，使得站在架子第二层的胡某跌落到地面上，造成尾骨骨折。住院医治花费医疗费两万元。胡某让田某承担自己的医疗费，田某说胡某是为郭某提供劳务的，应当由郭某承担责任。胡某找到郭某要求支付医疗费，郭某说是田某的行为导致胡某身体伤害，应当由田某承担责任。请求未果，胡某将田某诉至法院。

**快问快答**

问：胡某的损害应当由谁来承担责任？

答：应由田某承担；也可以要求郭某承担，郭某承担后再向田某追偿。

**法律依据**

《民法典》第一千一百九十二条　个人之间形成劳务关系，提供劳务一方因劳务造成他人损害的，由接受劳务一方承担侵权责任。接受劳务一方承担侵权责任后，可以向有故意或者重大过失的提供劳务一方追偿。提供劳务一方因劳务受到损害的，根据双方各自的过错承担相应的责任。

提供劳务期间，因第三人的行为造成提供劳务一方损害的，提供劳务一方有权请求第三人承担侵权责任，也有权请求接受劳务一方给予补偿。接受劳务一方补偿后，可以向第三人追偿。

**专家释法**

劳务关系是指提供劳务的一方为接受劳务的一方提供劳务服务，由接受劳务的一方按照约定支付报酬而建立的一种民事法律关系。本案中郭某是接受劳务的一方，胡某是提供劳务的一方，在劳务过程中，遭受了第三人田某的侵害，造成了胡某身体的伤害以及财产损失，胡某的损失本应由行为人田某承担。本案中，第三人田某系同村村民，胡某可以直接识别并确认，因此

第七编　侵权责任

胡某可以直接要求田某承担责任。而现实生活中经常会出现致害的第三人不能有效确定的情况，比如经过的人是一个陌生人，发生事故之后人就走了再也无法找到，那么在第三人不能确定时，提供劳务一方也可以请求接受劳务的一方承担责任。考虑到接受劳务的一方在第三人致害的案件中没有任何过错，在接受劳务的一方弥补了提供劳务一方的损害之后，还规定了接受劳务一方向第三人的追偿权。在此设置追偿权主要是考虑接受劳务的一方在第三人致害事件中既不是案件当事人，也没有一定的过错，由接受劳务方直接承担责任不符合公平合理的民事原则。因此，接受劳务的一方在承担了赔偿责任之后，有权依法向第三人追偿。胡某可以请求田某予以赔偿，也可以请求郭某予以赔偿。郭某如果先行赔偿了胡某的损失之后，可以依法向田某追偿。

**特别提示**

在劳务关系中"接受劳务的一方"只能是自然人。个体工商户、合伙的雇员因工作发生纠纷按照用人单位的规定处理。另外，对于因劳务造成他人损害的，应由接受劳务的一方承担责任，除非提供劳务的一方存在故意或者重大过失。

## 案例130. 商场人多拥挤，导致顾客受伤，商场应当承担责任

**案情回放**

临近春节，一商场为了促销，推出促销活动：每天开门前一个小时，顾客可以免费领取礼品。商场的礼品领取处设在五楼，考虑领奖的顾客特别多，商场工作人员布置了围栏用于分流。张某是名残疾人，挂拐来到商场五楼，想到领取处领礼品。在跟着排队的人流前行过程中，张某被围栏底部突出的支腿绊倒受伤了。商场工作人员发现张某之后，立即拨打急救电话将张某送到医院治疗。当天入院诊断为右股骨骨折，为治疗伤情，张某共花费医疗费六万元。张某认为是商场没有做好安保工作导致自己受伤，于是要求商场支付医疗费等费用。商场认为张某作为残疾人应当自觉避免到人多的地方，所

以张某的损伤应当由他自己负责。双方沟通未果,张某诉至法院请求判令商场承担侵权责任。

### 快问快答
问:张某的损害应当由谁承担?
答:主要应由商场承担。

### 法律依据
《民法典》第一千一百九十八条　宾馆、商场、银行、车站、机场、体育场馆、娱乐场所等经营场所、公共场所的经营者、管理者或者群众性活动的组织者,未尽到安全保障义务,造成他人损害的,应当承担侵权责任。

因第三人的行为造成他人损害的,由第三人承担侵权责任;经营者、管理者或者组织者未尽到安全保障义务的,承担相应的补充责任。经营者、管理者或者组织者承担补充责任后,可以向第三人追偿。

### 专家释法
《民法典》规定了公共场所的安全保障义务。安全保障义务是指宾馆、商场、银行、车站、机场、体育场馆、娱乐场所等经营场所、公共场所的经营者、管理者或者群众性活动的组织者,所负有的在合理限度范围内保护他人人身和财产安全的义务。这就要求商场在公共场合组织活动,应当为消费者提供安全、便利的购物环境。结合本案事实,该商场组织促销活动的时候顾客多到超过先前的预想,其只是在现场布置了围栏,未加派人员在现场进行监护,也未设置明显的警示标识。同时,没有考虑到围栏这一设施存在的安全隐患,可以认定其未尽到安全保障义务。张某作为完全民事行为能力人,自身负有注意安全的义务,尤其是其拄拐前行,在行走中更应对路面的危险予以注意,因此张某对摔伤的损害后果也应承担部分责任。该案最终判决张某承担30%的责任,商场疏于安保义务承担70%的主要赔偿责任。

### 特别提示
在这里,安全保障义务所针对的对象为"他人",他人系指不确定的他人,

## 第七编 侵权责任

也不区分他人存在的合法与非法的问题，比如，小偷进入到商场来偷东西却滑倒摔伤，此时商场依然要承担赔偿责任。另外，《民法典》增加了安全保障义务人的追偿权，也就是当第三人的行为造成他人损害时，安全保障义务人在承担了赔偿责任之后，有权向第三人追偿。

### 案例131. 孩子在幼儿园遭受伤害，园方要为此负责

#### 案情回放

一天，李某像往常一样去幼儿园门口接自己的女儿。当李某见到女儿排着队从教室里面走出来的时候，不像以往一样朝自己跑来，那天女儿低着头，情绪比较低落。李某以为女儿是在幼儿园里玩儿累了，也没太在意就把孩子领回了家。晚上，李某给孩子洗澡的时候，一拉孩子的手她就喊疼，仔细观察发现孩子右手小指红紫，一动就疼。经询问才知道，孩子白天在幼儿园吃饭时呕吐到餐桌上，生活老师要求她清理，她不动，生活老师就使劲拽着她的右手，然后就一直疼。生活老师放学的时候还不许她告诉家长。李某非常生气。第二天，李某带孩子去医院检查，发现孩子右手小指肌腱断裂。为了治疗，医药费花掉三万余元，经鉴定为十级伤残。李某认为孩子在幼儿园受到伤害，应当由幼儿园承担赔偿责任；幼儿园则认为没有证据证明孩子的伤害是在学校造成的，幼儿园不应当承担责任。双方沟通无果，李某诉至法院。

#### 快问快答

问：幼儿园的理由成立吗，幼儿园是否应当承担责任？

答：幼儿园的理由不成立，园方应当承担责任。

#### 法律依据

《民法典》第一千一百九十九条　无民事行为能力人在幼儿园、学校或者其他教育机构学习、生活期间受到人身损害的，幼儿园、学校或者其他教育机构应当承担侵权责任；但是，能够证明尽到教育、管理职责的，不承担侵权责任。

### 专家释法

《民法典》中上述内容是针对无民事行为能力人接受教育时遭受损害的规定,通常无民事行为能力人是指八周岁以下的幼儿及儿童。由于无民事行为能力人智力发育很不成熟,对事物的认知和判断存在严重不足,不能辨认或不能充分理解自己行为的后果,必须加以特别保护,这就要求幼儿园、学校等更多地履行保护孩子身心健康的义务。在此涉及一项归责原则——过错推定原则。过错推定原则是指在因果关系存在的前提下,如果侵权人就其所致的损害不能证明自己没有过错,则应当承担赔偿责任。结合本案的事实,李某女儿在幼儿园的生活其父母难以获得直接真实的了解,其在放学时表现出的异常以及第二天去医院检查治疗的事实,在时间上具有连续性,足以说明孩子的伤害与在幼儿园的生活有着密切的联系。如果幼儿园不能证明其已经尽到教育监管职责,那么依据相关法律规定,则应当承担李某女儿在幼儿园受到伤害的民事赔偿责任。

### 特别提示

实践中对于幼儿园、学校等机构是否尽到管理职责,法律并未做出明确的规定,具体情况由人民法院进行最终判断。另外,对于限制民事行为能力人(通常指八周岁以上的未成年人)在学校等机构发生人身损害的,适用过错责任原则,也就是只有学校没有尽到教育管理职责的,才承担侵权责任。

## 案例132. 烟花二次燃爆使人受伤,责任谁来担?

### 案情回放

春节前的一天,石某骑电动车到镇上严某店里购买了烟花。第二天午饭后,石某的岳父便让他把昨天买回的烟花燃放了。燃放完,大人们都回到屋里去了。石某三岁的女儿在燃放烟花时躲在屋里,现在烟花放完了,跑出来好奇地看着燃放完毕的烟花,然后就把它抱进屋里,放在炉子旁边,一边取暖一边转着玩儿。这时,石某的岳父过来往炉子里续煤,不料一些火星跳出

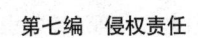

来，燃后的烟花遇到火花开始冒烟，其岳父还没反应过来，烟花发生了爆炸，导致石某岳父眼睛受伤，后送往医院检查和治疗。经诊断为左眼爆炸伤，花费医药费等费用 2.2 万余元。经当地司法鉴定所鉴定，伤残等级为七级。石某认为燃放过后的烟花不应当再有爆炸的可能性，事故原因是产品有问题，于是找到销售者严某要来该产品的生产厂家信息，将鞭炮礼花厂告上了法庭。

### 快问快答
问：该鞭炮礼花厂是否应当承担赔偿责任？
答：是的，鞭炮礼花厂应当承担赔偿责任。

### 法律依据
**《民法典》第一千二百零三条** 因产品存在缺陷造成他人损害的，被侵权人可以向产品的生产者请求赔偿，也可以向产品的销售者请求赔偿。

产品缺陷由生产者造成的，销售者赔偿后，有权向生产者追偿。因销售者的过错使产品存在缺陷的，生产者赔偿后，有权向销售者追偿。

### 专家释法
《民法典》的上述内容是对产品致人损害时责任承担的规定。本条所指的"被侵权人"是指因产品存在缺陷造成人身、财产损害之后，有权要求获得赔偿的人，其中不仅包括直接购买并使用缺陷产品的人，也包括不是直接购买使用产品，但受到缺陷产品损害的人。被侵权人的救济途径有两个，既可以向生产者请求赔偿，也可以向销售者请求赔偿。本案中石某岳父人身权受到侵害，在请求鞭炮礼花厂支付赔偿的时候，鞭炮礼花厂提交了产品检验报告，显示其所销售的产品符合国家有关法律法规要求的质量标准，并申请对该产品进行质量鉴定。鉴定中心在经过认真核查后，经过专家讨论，表示对送检的烟花质量无法做出鉴定。那么本案中的产品是否存在缺陷呢？法院认为产品存在缺陷可以从两个方面进行认定，一是产品存在一种不合理的危险，二是产品不符合法定安全标准。对于符合法定安全标准，但具有不合理危险的产品，仍视为缺陷产品。结合本案的事实，鞭炮礼花厂提供的产品检验报告只能证明其产品符合法定的安全标准，但是其没有证据证明产品不具有不合理的危险。一般情况下，燃放过的烟花爆竹理应不再燃爆，而本案中燃放过的烟花二次燃爆存在不合理之处。因此，鞭炮礼花厂应当承担赔偿责任。

### 💡 特别提示

产品责任与产品质量责任属于不同的概念和内涵，产品责任的适用范围要大于产品质量责任。还需注意的是，生产者与销售者承担的责任原则是不同的，生产者承担无过错责任，也就是没有过错也须承担责任；销售者承担过错责任，即只有在有过错的情况下才承担责任。

## 案例133. 只投了商业保险，发生交通事故，保险公司应全赔吗？

### 🎬 案情回放

某公司驾驶员李某驾驶着公司的机动车去执行公务。当行至某交叉口时，与王某驾驶的小型轿车追尾相撞。造成王某与车内乘坐的家人受伤，两车相撞部分受损。后经当地交警部门认定，李某对此次交通事故承担全部责任，王某无责任。事故发生后，王某经医院诊断，医疗费、交通费、护理费等共计6.8万元。经核查发现，该公司未依法对涉事车辆投保交强险，而是在某保险公司购买了商业第三者责任险，保险金额为30万元。王某向该公司要求给予相应的赔偿，该公司将理赔申请提交至购买商业险的保险公司，进行理赔遭到拒绝。保险公司认为自己应当在超出交强险赔偿限额部分的损失范围内进行赔偿；该公司也不肯自己掏钱赔偿王某，于是王某将该公司与保险公司一并告上法庭。

### 🔊 快问快答

问：王某的损失应当由谁来承担，应当如何承担？

答：王某的损失应当由公司在交强险的范围内承担之后，再由商业第三者责任险赔偿，仍不够的由公司承担。

# 第七编 侵权责任

### 法律依据

《民法典》第一千二百一十三条 机动车发生交通事故造成损害，属于该机动车一方责任的，先由承保机动车强制保险的保险人在强制保险责任限额范围内予以赔偿；不足部分，由承保机动车商业保险的保险人按照保险合同的约定予以赔偿；仍然不足或者没有投保机动车商业保险的，由侵权人赔偿。

### 专家释法

《民法典》的上述规定明确了机动车责任事故中的赔偿顺序。本案中涉及未投保机动车交强险的交通事故责任的承担主体问题。通常情况下，对于同时投保交强险和商业第三者险的机动车发生交通事故造成损害的，依照《民法典》的相关规定，应当先由承保机动车强制保险的保险人在强制保险责任限额范围内予以赔偿。但是结合本案的事实，在该车辆未投保交强险的情况下，应由谁来承担责任呢？结合我国《道路交通安全法》以及《机动车交通事故责任强制保险条例》可知，机动车所有人负有投保交强险的法定义务。该公司未依法投保交强险的行为具有违法性，从而使受害人不能获得交强险赔偿的利益的法律后果应当由车辆所有人，也就是该公司自行承担。根据《民法典》的明确规定，不足部分由商业第三者险进行赔偿，也说明了商业第三者险只是补充作用。交强险与商业险赔偿后仍然不足的，由侵权人赔偿。因此，本案中交强险的部分应当由车辆所有人进行赔偿；不足的部分由承保商业第三者责任险的保险公司予以赔偿；仍不足的，继续由车辆所有人赔偿。

### 特别提示

实践中，在强制保险责任限额内赔偿后不足的部分，机动车之间的事故由有过错的一方承担赔偿责任；机动车与非机动车或行为人之间的事故，由机动车一方承担损害赔偿责任，除非有证据证明非机动车或行为人违反了道路交通安全法律、法规，机动车驾驶人已经采取了必要处置措施的，减轻机动车一方的责任。

## 案例134. 出了交通事故的车是偷来的，真正的车主需要担责吗？

### 案情回放

村民王某离家半月有余，回来的时候开回了一辆小轿车。家里人和亲戚问这是谁的车，他不回答，车子开回来之后就一直停在院子里。邻居张某有一天过来借车，称有急事需要去趟城里，可是正常的班车已经开走了，想借这辆小轿车用用，并承诺很快就会还回来。王某就将车借给了张某。张某在去城里的路上由于着急没看清路况，将一行人李某撞伤。李某报警，警察到达事故现场后，认定张某负全责，并经查询发现该车辆系被盗车辆。

### 快问快答

问：李某的损失应当由谁承担？

答：应由王某与张某对李某的损失承担连带责任。

### 法律依据

《民法典》第一千二百一十五条　盗窃、抢劫或者抢夺的机动车发生交通事故造成损害的，由盗窃人、抢劫人或者抢夺人承担赔偿责任。盗窃人、抢劫人或者抢夺人与机动车使用人不是同一人，发生交通事故造成损害，属于该机动车一方责任的，由盗窃人、抢劫人或者抢夺人与机动车使用人承担连带责任。

保险人在机动车强制保险责任限额范围内垫付抢救费用的，有权向交通事故责任人追偿。

### 专家释法

《民法典》上述内容是对被盗抢车辆发生交通事故时如何进行赔偿的规定。由于盗窃、抢劫使机动车的合法所有权人丧失对车辆控制的状态，在此期间，机动车所发生的任何事故均与机动车的所有权人无关。那么本案中，王某偷了一辆机动车，出借给张某使用，在使用过程中，发生交通事故，相关法律责任与机动车所有人无关。张某借了偷来的车辆使用，这时发生了盗窃人与实际使用人不一致的情况，这种情况下，盗窃人虽未实际使用车辆，

## 第七编　侵权责任

但是盗窃人的行为使车辆置于实际使用人的控制之内，实际使用人由于其过错发生了交通事故，根据《民法典》的相关规定，盗窃人与实际使用人应承担连带责任。因此，本案中李某应请求张某、王某承担连带赔偿责任。

### 💡 特别提示

在本条第二款中还规定了保险人在交强险范围内先行垫付的追偿权。在此注意，交强险保险人须先行垫付，这是对交通事故中受害人的保护，在垫付之后，保险人有向责任人追偿的权利。

### 案例135. 免费搭顺风车发生交通事故，责任如何承担？

#### 🎬 案情回放

李某来自50公里外的李村，定居县城后，每隔两个星期都会自驾车回李村看望年迈的父母。李某父母家的邻居黄某，知道李某经常往来县城与李村之间。一天，黄某有事想搭李某的车子去县城办点儿事，提前跟李某的父母打好了招呼，李某也欣然同意。当天，黄某就搭李某的顺风车上了去县城的路。不料在路上，李某远远看到一团黑色的东西，但是一时没看清楚，再加上车速过快，等到跟前看清是一块大黑石头时已经来不及转向变道。车子撞到了石头上，导致黄某腿部骨折，造成了经济损失。黄某想着本来就是李某好心无偿带他，可是又觉得自己损失很大。

#### 🔊 快问快答

问：黄某应该怎么办？

答：黄某可以请求李某承担损害赔偿责任。

#### 📖 法律依据

《民法典》第一千二百一十七条　非营运机动车发生交通事故造成无偿搭乘人损害，属于该机动车一方责任的，应当减轻其赔偿责任，但是机动车使用人有故意或者重大过失的除外。

229

**专家释法**

本条规定明确了即便是无偿搭乘,发生了被搭乘机动车全责的交通事故,且造成搭乘人损害的,也应当进行赔偿,但是考虑该乘客属于无偿搭乘,从而应当予以减轻赔偿,除非机动车使用人对事故的发生存在故意或者重大过失。本案中,李某的车辆系自家用车,属于非营运车辆。黄某搭乘车辆为无偿,也就是李某是本着助人为乐的精神载乘黄某。在这种情况下,《民法典》规定了对机动车驾驶人的减轻责任。也就是在帮助他人发生损害时,如无故意或者重大过失,依法可以减轻赔偿责任。结合本案的事实,黄某无偿搭乘李某的机动车,但是由于李某的原因发生了交通事故,并造成了黄某人身损害以及经济损失,黄某可以依法请求李某进行赔偿。同时,由于李某车速过快,且对发现的道路障碍物没有及时进行变道躲避才导致了交通事故的发生,从而可以认定李某对事故的发生存在重大过失。依据《民法典》的上述规定,黄某可以向李某主张赔偿全部损失。

**特别提示**

实践中应注意,对于机动车一方的减轻责任只是对"无偿搭乘人"的减轻责任,而不是对事故相对方的减轻责任。这种责任承担是对内的减轻,而非对外的减轻。

## 案例 136. 医院未尽告知义务,应赔偿患者损失

**案情回放**

白某因交通事故受伤住院治疗。第二天,医院的医师与白某的家属按规定做了医患沟通。白某的家属签署了《患者入院时医患沟通记录单》,其中拟诊疗费用一项记录为 11 万余元,医、患(家属)双方分别签字。几天后,医院对白某实施股骨髓内针固定、左胫骨平台骨折切开复位内固定术、内侧副韧带修补术。术前,白某家属签署了《植入性医用器材使用知情同意书》,也在知情书上签字确认。治疗完成后共花费医疗费为 11 万余元。白某与肇

## 第七编 侵权责任

事司机就赔偿问题未达成一致，发生纠纷诉至法院，请求肇事司机支付医疗费等费用。但该法院认定白某使用的医用耗材系高价进口产品，并非不可替代，中等标准的医疗耗材价格为4.5万元，从公平原则出发，法院仅认定肇事司机按中等标准赔偿医疗费。可白某实际花费了11万余元，多损失了五万余元。白某在医疗过程中并不知道植入器材还可以自行选择这回事，认为医院没有向自己说明替代医疗方案等情况，便将医院诉至法院。

### 快问快答

问：医院是否应当赔偿白某多损失的钱？

答：是的，医院在为白某选择使用高端耗材时并未向白某如实告知其还有其他替代产品可选择，侵犯了白某的知情权。

### 法律依据

《民法典》第一千二百一十九条　医务人员在诊疗活动中应当向患者说明病情和医疗措施。需要实施手术、特殊检查、特殊治疗的，医务人员应当及时向患者具体说明医疗风险、替代医疗方案等情况，并取得其明确同意；不能或者不宜向患者说明的，应当向患者的近亲属说明，并取得其明确同意。

医务人员未尽到前款义务，造成患者损害的，医疗机构应当承担赔偿责任。

### 专家释法

本案中涉及医院在诊疗过程中应当尽到的告知义务，以及不履行告知义务应当承担赔偿责任的问题。根据《民法典》的规定，医疗机构的医务人员在进行诊疗活动的过程中，应当如实向患者说明病情和医疗措施，而在诊疗过程中收费可能对患者造成较大经济负担的检查和治疗属于"特殊检查"和"特殊治疗"。对于收费可能对患者造成经济负担的检查和治疗，应明确告知患者医疗方案及替代医疗方案，以便患者根据自身的病情以及经济状况进行选择。结合本案的事实，医院为白某确定植入材料时并未全面告知还有其他相对价格较为低廉的植入器材，另根据当地居民人均可支配收入为参照标准，该医院为白某制定的治疗方案应认定可能造成患者较大经济负担的"特殊治疗"。同时，白某家属所签署的《植入性医用器材使用知情同意书》中，有关医疗器材的具体内容均为空白，从而可以看出该医院在实施手术之前并未进行如实告知，侵犯了患者白某的知情同意权。因此，法院最终判定医院承担白某在接受医疗过程中多损失的五万余元。

> **特别提示**

在此处需要注意的是，取得患者的明确同意系《民法典》修改的内容，之前的法律规定是须患者的书面同意，明确同意不仅包括书面同意，还包括口头表示等形式的同意。实践中关于明确同意的形式需要结合诊疗规范、操作经验等综合认定。

本条第二款规定的是如果医务人员未取得明确同意造成损害的应当担责，但是对此内容的理解并不是说取得明确同意以后在后续的诊疗活动中造成患者损害就不承担责任了，当诊疗活动未尽到与当时医疗水平相对应的诊疗义务造成损害的，依然应当承担赔偿责任。

## 案例137. 对医院过度检查说"不"

> **案情回放**

霍某在入冬之后，连发感冒，伴发头疼，吃了很多药，都不见好。在家人的建议之下，霍某来到附近的某医院挂了号，想让医生给看看是什么原因。医生询问完霍某的病情之后，提出让他做一个全身检查。霍某提出自己的感冒问题没有那么严重，应该不需要做全身检查，但是在医生的告诫下，还是按照医生的要求去做了。一整天下来，霍某做了脑CT、核磁共振以及彩超等多项检查。当霍某将各项检查结果拿给医生看，医生诊断霍某得的是风凉感冒，外加免疫力低下，需要服用一些提高免疫力的药物以及普通的感冒药，并坚持体育锻炼增强体质，就没有大问题。一个小小的感冒，霍某上上下下折腾不说，光检查费用花去将近5000元，霍某心里十分气愤。后来向在医

## 第七编 侵权责任

院工作过的朋友倾诉的过程中，朋友提出医院这样做属于违规的过度检查，可以请求医院承担相应的责任。霍某诉至法院。

### 快问快答
问：法院是否会判令医院承担责任呢？
答：是的。

### 法律依据
**《民法典》第一千二百二十七条** 医疗机构及其医务人员不得违反诊疗规范实施不必要的检查。

### 专家释法
"过度检查"一般是医疗机构提供的超出患者个体和社会保健实践需求的医疗检查服务，俗称"不必要的检查"。过度检查的特点是，检查手段超出基本需求，没有使用诊断疾病的最可靠的方法以及与基本诊疗需求无关。过度检查不仅导致患者过重的经济负担，还可能会对身体带来不必要的风险和损害。本案中，霍某的基本诊疗需求是感冒，一般情况下，只需要抽血化验便可得出诊断，但是某医院却将霍某从上到下检查了一个遍。脑CT、彩超、核磁共振等均与霍某的基本诊疗需求无关。因此，某医院的行为构成过度检查，侵害了霍某的合法权益，违反了法律的规定，最终法院判令医院退还霍某的检查费5000余元。

### 特别提示
过度检查在实践中非常常见，情况也比较复杂。现实生活中，判断"检查"是否为"不必要"的标准是看其是否符合诊疗规范也就是诊疗需求。符合诊疗需求的即为合理，不符合诊疗需求的即为不合理。另，过度检查应承担的责任中，除了应对就诊人的检查费进行退还，还应对造成身体伤害而引发的损失予以赔偿。

## 案例138. 工厂随意排放废水，村民真的束手无策吗？

### 案情回放

在某两省的交界处有一个小村庄，为了发展经济，该村的南边开发了一个工业园区。某橡胶厂在工业园区内租赁了一个厂区，用于加工橡胶制品。在该厂的生产经营中，将大量的工业废水排放至该村村民的耕地上，导致耕地上的庄稼严重减产，甚至很多秧苗还没等长大就开始发黄枯萎。

### 快问快答

问：该村村民多方反映得不到有效解决，他们应该如何处理？

答：村民有权针对该橡胶厂提起损害赔偿之诉。

### 法律依据

《民法典》第一千二百二十九条　因污染环境、破坏生态造成他人损害的，侵权人应当承担侵权责任。

《民法典》第一千二百三十二条　侵权人违反法律规定故意污染环境、破坏生态造成严重后果的，被侵权人有权请求相应的惩罚性赔偿。

《民法典》第一千二百三十四条　违反国家规定造成生态环境损害，生态环境能够修复的，国家规定的机关或者法律规定的组织有权请求侵权人在合理期限内承担修复责任。侵权人在期限内未修复的，国家规定的机关或者法律规定的组织可以自行或者委托他人进行修复，所需费用由侵权人负担。

### 专家释法

《民法典》对于污染环境、破坏生态的规定增加了第一千二百三十二条的惩罚性赔偿以及第一千二百三十四条对生态环境的修复制度。污染环境是指向环境排放物质或能量超过了环境的自净能力，从而导致环境质量的降低。生态破坏大多是对自然资源的不合理开发利用的行为，导致环境要素的数量减少或质量降低，从而破坏了生态平衡。对于环境侵权责任适用无过错责任原则。无过错责任原则是指只要侵权人的行为与受害人的损害后果之间有因果关系，无论侵权人是否存在过错，均应由其承担责任的归责原则。《民法典》

# 第七编　侵权责任

此次还规定了惩罚性赔偿，也就是对于环境侵权中不再是补偿性赔偿原则了，而是可以判定被侵权一倍甚至几倍于实际损失的侵权责任。

本案中，橡胶厂将大量的工业废水排放到该村村民的耕地上，很明显不符合工业废物排放的标准，系故意所为，从而导致了该村耕地的减产，破坏了生态并造成了严重后果。根据《民法典》的上述规定，该村村委会可以代表村民或者村民共同联合要求橡胶厂停止排放废水，并请求惩罚性赔偿损失。除此之外，村民也可以向地方环境保护部门投诉，地方环境保护部门有权要求橡胶厂在合理期限内对土地进行恢复；逾期未修复的，可以由他人修复，费用由橡胶厂承担。

### 特别提示

一般民事诉讼中实行"谁主张，谁举证"的原则，但是在环境侵权纠纷中，适用举证责任倒置。也就是侵权人对于自己的行为与受害人的损害结果之间不存在因果关系，以及依法不应当承担责任或者减轻责任的情形负有举证责任。

## 案例139. 老人被狗绳绊倒致死，谁应当承担侵权责任？

### 案情回放

88岁高龄的老人麦某，身体健康，与儿女共同生活。某日下午，麦某像往常一样，外出散步。刚走到市场路口处，从身后狂奔过来一条正在追赶另一条狗的大白狗，脖子上拖着一条长长的狗绳。狗绳在狗一路加速跑的影响下，甩了起来，经过麦某时，瞬间将其绊倒，麦某当场就动弹不得了。在大白狗身后跑来一个12岁的姑娘，站在麦某旁边喊回了这条大白狗，大白狗立即乖乖地跟着这个姑娘回去了。路人一看麦某倒地不动，立即打了急救电话，将麦某送去医院，麦某不治身亡。麦某的儿女事后得知，大白狗的主人将狗拴在了一棵树上，领狗的这位12岁姑娘跑去跟狗主人说把狗"牵出来玩儿"。麦某的儿女找到狗的主人和这位12岁姑娘的父母要求赔偿，但两方相互推诿，后麦某的儿女将狗主人和12岁姑娘的父母都告上了法庭。

### 🔊 快问快答
问：谁应当对麦某的死承担责任？
答：狗主人与12岁姑娘的父母均应当承担侵权责任。

### 法律依据
《民法典》第一千二百四十五条　饲养的动物造成他人损害的，动物饲养人或者管理人应当承担侵权责任；但是，能够证明损害是因被侵权人故意或者重大过失造成的，可以不承担或者减轻责任。

《民法典》第一千二百四十九条　遗弃、逃逸的动物在遗弃、逃逸期间造成他人损害的，由动物原饲养人或者管理人承担侵权责任。

### 专家释法
饲养动物致人损害的赔偿责任在日常生活中非常多发，主要是指饲养的动物造成他人损害时，动物的饲养人或者管理人应当承担相应的损害赔偿责任。饲养的动物是指能够为人所占有或者控制的动物。在动物致害的案件中也适用举证责任倒置，即动物的饲养人或管理人承担证明被侵权人的损害是由因他自己的故意或重大过失造成的举证责任。本案中的焦点问题是麦某意外遭受到户外奔跑的动物侵害致死，这种情况下谁是侵权责任人？结合本案事实，狗主人将狗拴在自家院里的大树上，这名12岁的姑娘来牵狗出去玩。12岁姑娘即成为了大白狗的管理人，在她管理的期间狗造成别人人身损害，应当由管理人承担赔偿责任，12岁姑娘及其父母应当承担本次事件的主要责任。原则上，管理人与所有人不一致时，应由管理人承担赔偿责任。但是，狗主人明知小姑娘是未成年人，属于限制民事行为能力人，却依然将动物交给她自行管理玩耍，主观上存在过失，其应当对该事件的发生承担次要责任。因此，本案中12岁姑娘及其父母与狗主人应对麦某承担连带赔偿责任。

### ❗特别提示
实践中，还应当注意对流浪猫、流浪狗的喂食行为。如果一个人在居住

## 第七编 侵权责任

社区的某个地方经常固定时间喂食流浪猫、流浪狗，这些流浪猫、流浪狗如果造成社区公共利益或者他人的损害，投喂人应当为此承担责任。

### 案例140. 墙皮脱落将他人砸伤，应当由谁承担赔偿责任？

**案情回放**

村民李某居住的房屋多年未曾修缮，外墙墙皮有些脱离主体结构，但是还未脱落。李某也知道房屋外墙应当进行重新处理，但由于其他事情较多，一直拖延未予处理。某天，一场大雨过后，村里几个四五岁的小孩子在李某家的屋后玩耍，李某的房屋外墙突然大面积脱落，几个孩子未能及时反应，被砸伤了头部，导致两个孩子伤情严重。

**快问快答**

问：受伤的孩子应当怎么办？

答：应诉请李某承担相应的赔偿责任。

**法律依据**

《民法典》第一千二百五十三条 建筑物、构筑物或者其他设施及其搁置物、悬挂物发生脱落、坠落造成他人损害，所有人、管理人或者使用人不能证明自己没有过错的，应当承担侵权责任。所有人、管理人或者使用人赔偿后，有其他责任人的，有权向其他责任人追偿。

**专家释法**

对于建筑物、构筑物或者其他设施及其搁置物、悬挂物造成他人损害的，《民法典》规定适用过错推定责任原则。也就是说，所有人、管理人或者使用人对自己没有过错承担举证责任，不能证明自己没有过错的，应当承担侵权责任。结合本案的事实，李某很早就知道自己居住的房屋外墙存在脱落的风险，由于种种原因未能及时予以修复，从而造成了他人的人身损害。可见，李某对于自己所有的存在随时脱落风险的建筑物怠于管理、维护，从而导致他人发生损害的后果。在李某不能证明自己没有过错的情况下，应当赔偿他人的损失。因此，本案中受伤孩子的父母可以依据该规定，请求李某承担相应的侵权责任。

> **特别提示**
>
> 如果在所有人、管理人或者使用人之外的，对损害的发生负有责任的其他责任人的，所有人、管理人或使用人承担了赔偿责任之后，有权向其他责任人追偿。比如，家里换的纱窗脱落将他人砸伤了，这时房主或者租户承担了损害赔偿责任之后，可以向安装纱窗的公司进行追偿。

## 案例141. 高空抛物找不到责任人怎么办？

> **案情回放**
>
> 一天傍晚，某住宅楼前老王和老张正在下象棋，引得一群人围观，不知是谁突然从楼上扔下一个罐头瓶子，恰巧砸中了老张的头部，大家急忙打了120急救电话，将老张送到医院治疗。老张昏迷了一天后醒来，却留下了严重的后遗症，被鉴定为颅骨缺损伤残，花费医疗费等五万余元。报警后，公安机关进行现场侦查，排除了一楼和二楼的住户往下扔瓶子的可能性，而三楼以上的住户中，只有大李家能够证明事故发生当天不在家，不可能是侵权人，其他住户均无法排除嫌疑。

> **快问快答**
>
> 问：老张如何才能维护自己的合法权益呢？
>
> 答：老张应当向没有排除嫌疑的所有住户请求损害赔偿。

> **法律依据**
>
> 《民法典》第一千二百五十四条　禁止从建筑物中抛掷物品。从建筑物中抛掷物品或者从建筑物上坠落的物品造成他人损害的，由侵权人依法承担侵权责任；经调查难以确定具体侵权人的，除能够证明自己不是侵权人的外，由可能加害的建筑物使用人给予补偿。可能加害的建筑物使用人补偿后，有权向侵权人追偿。

## 第七编 侵权责任

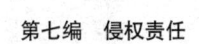

物业服务企业等建筑物管理人应当采取必要的安全保障措施防止前款规定情形的发生；未采取必要的安全保障措施的，应当依法承担未履行安全保障义务的侵权责任。

发生本条第一款规定的情形的，公安等机关应当依法及时调查，查清责任人。

### 专家释法

《民法典》的上述内容是对从建筑物中抛掷物品或者坠落的物品造成他人损害的责任承担的规定。较之前《侵权责任法》的规定，更加明确和完善，增加了侵权人依法承担侵权责任、可能加害的建筑物使用人赔偿之后的追偿权、建筑物的管理人应当采取必要的安全保障措施等内容。在这里需要注意的是，要求可能加害的建筑物使用人承担责任须"经调查难以确定具体侵权人"后才可适用。本案中，老张在楼下突遭飞来的瓶子砸伤，并造成了人身伤害和财产损失，在这种不确定谁是加害人的情况下，不能置受害人的利益于不顾，而用正常的民事诉讼的举证规则又找不到具体的被告。根据《民法典》的相关规定，此类案件适用特殊的民事举证规则——举证责任倒置。也就是说，一般案件中，老张应该举证证明是谁扔了瓶子砸伤了自己，如果不能举证证明将会承担诉讼不利的后果。而本案则应适用特殊的举证责任倒置原则，当无法确定具体的加害人时，被侵权人只要证明自己是被建筑物上的抛掷物、坠落物伤害的，且经过调查难以确定具体侵权人的，就可以获得不能排除嫌疑的建筑物使用人的补偿。因此，老张的损失可以由经过排查后，无法排除嫌疑的其他住户共同承担。

### 特别提示

《民法典》增加了经调查难以确定具体侵权人的，关于调查的机关并没有做明确的指定，一般实践中，小区物业管理企业、公安机关等机构均需及时、缜密地调查取证，查明侵权人。另，物业服务公司虽然对小区物业依合同进行管理，但其不属于建筑物使用人，除非物业服务公司实际占有、使用建筑物。

另外，还应当注意，如果物体不是从建筑物中抛掷或者坠落则不适用本规定，比如有人在群众性活动中被他人从人群中抛掷的物品砸伤而无法确定具体的侵权人等情况。

**案例142. 车辆因撞上路上堆放的沙子发生交通事故，只能自认倒霉吗？**

**案情回放**

一天，村民余某驾驶一辆载货三轮车，搭乘着母亲从城里经省道回家。当天大雨，视线模糊，行至某处，余某驾驶的三轮车与某建筑工程有限公司堆放在公路上的沙子相撞后侧翻，车辆受损，余母受伤。后经当地公安局交通巡警大队作出的《事故认定书》，载明"造成该事故的主要原因系余某在雨天视线不良的情况下驾驶超过核载人数的机动车上道路行驶时，对道路上情况观察不够，未确保安全行驶。其次是某建筑工程有限公司未在距离施工作业地点来车方向安全距离处设置明显的安全警示标志，采取防护措施"等内容，据此认定该事故由余某承担主要责任，某建筑工程有限公司承担次要责任，余母不承担事故责任。在事故当天，余母因伤情入院治疗，花费治疗费20余万元，伤残鉴定等级为七级。

**快问快答**

问：余母的损害应当由谁来承担责任？

答：某建筑工程有限公司应承担余母的损失。

**法律依据**

《民法典》第一千二百五十六条 在公共道路上堆放、倾倒、遗撒妨碍通行的物品造成他人损害的，由行为人承担侵权责任。公共道路管理人不能证明已经尽到清理、防护、警示等义务的，应当承担相应的责任。

**专家释法**

《民法典》对于在公共通行的道路上堆放、倾倒、遗撒物品妨碍通知的责任主体有两类，一类是行为人，另一类是公共道路的管理人。除了行为人

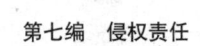

为责任人之外，对于公共道路的管理人则适用过错推定原则，也可以认定其为侵权责任人。本案中，余母的损失根据《事故认定书》系余某应承担大部分主要责任，而某建筑工程有限公司承担次要责任，这仅是针对交通事故本身而言。但是，本案存在机动车交通事故损害赔偿责任和物件损害赔偿责任竞合的情况，作为受害人余母可以选择任一种法律关系来维护自己的权益。

根据《民法典》的相关规定，在公共道路上堆放妨碍通行的物品造成他人损害的，堆放行为人应当承担无过错责任。案中某建筑工程有限公司因在事发路段施工，对其采购的沙子应尽到合理的安全管理义务，确需堆放在公路上时，也应采取相应的安全措施不得影响公共道路的正常通行。而该公司堆放的沙子占据了大部分的上行路面，在明显会对该道路的通行产生妨碍的情况下，既未设置安全标志，也未安排人员现场管理，致使余某翻车，乘车人余母受伤。该建筑工程有限公司作为障碍物堆放行为人应当对余母的损害承担无过错责任。因此，本案中余母可依据物件损害赔偿责任的相关规定申请某建筑工程有限公司对其进行损害赔偿。

💡 **特别提示**

在这里需要注意，公共道路不仅是指行驶汽车的公共道路，对于广场、停车场等可供公众通行的场地、建筑区划分内属于业主共有但允许不特定公众通行的道路都属于公共道路。

## 案例143. 行人在暴雨天气坠入井中导致死亡，谁应当承担赔偿责任？

**案情回放**

6月，某市遇强暴雨天气。行人万某当天晚上路过市区某路口时，坠入市政管理处管理的排水检查井后死亡。事后从监控录像可见：当晚20时16分23秒开始下雨，之前事发的排水检查井附近放置有圆锥形标志；事发井口附近有明显下沉的方形面，圆锥体于20时16分23秒被大风吹刮移位，紧接着下起暴雨；至20时41分44秒时，路面全面积水且水流加急，圆锥体被冲离排水检查井附近并在录像画面中完全消失；20时44分06秒，事发排水检查井井口向外涌水；20时45分28秒，录像画面范围内的路面被水全覆盖，但依录像可见积水并不深，路上有行人及车辆通过；20时45分45秒已经停雨，有收起雨伞或不打伞的行人在路上行走；20时46分19秒，万某出现在录像画面中，在路边向马路中间行走，于20时46分36秒坠入井内；20时57分07秒路面积水退去后清晰可见井盖完全脱离井口。万某遇难，其妻何某非常悲痛。何某认为管理道路的行政部门应当在其检查排水井后对存在安全隐患的地方设置明显的警示标志，并采取安全措施。正是该行政部门没有做到应做的警示义务才导致其丈夫坠井死亡。何某据此将市政管理处告上法庭，请求该管理处对丈夫的死亡承担责任。

### 快问快答

问：何某的请求能否得到法院的支持？

答：可以得到支持。

### 法律依据

《民法典》第一千二百五十八条　在公共场所或者道路上挖掘、修缮安装地下设施等造成他人损害，施工人不能证明已经设置明显标志和采取安全措施的，应当承担侵权责任。

窨井等地下设施造成他人损害，管理人不能证明尽到管理职责的，应当承担侵权责任。

### 专家释法

本案中涉及窨井等地下设施造成他人损害的问题。窨井是指上下水道或者其他地下管线工程中，为便于检查或疏通而设置的井状构筑物。根据《民法典》的相关规定，窨井等地下设施造成他人损害，管理人不能证明尽到管理职责的，应当承担侵权责任。在此可以看出窨井等地下设施造成他人损害的采用过错推定的归责原则，也即施工人不能证明已经设置明显标志和采取安全措施的，应当承担侵权责任。结合本案的事实，虽然在监控录像中最开

## 第七编 侵权责任

始可以见到圆锥形危险警示标志,但是在录像中可见圆锥形危险警示标志附近路面不平,事故井口附近还有其他窨井设施,市政管理处也不能举证证明圆锥形标志是管理处放置的,其不能证明自己尽到了管理职责。本案中还涉及另一个问题就是受害人万某是否存在过错的问题,法院的观点非常具有代表性,社会公众在特殊天气情况下出行应尽安全注意义务。但是,对于市内道路上各种各样的井盖,市政管理处既未向社会公众进行告示,也未设置危险警示标志,社会公众对窨井的功能和危险程度缺乏相应的认知,社会公众难以预知在城市道路上行走会有坠入井内的危险。因此,万某在通行时并不明知或应知有坠井的危险,最终法院判决市政管理处承担万某死亡的全部赔偿责任。

### 💡 特别提示

在这里需要特别注意,施工人的义务是设置明显标志和采取安全措施,如果设置的标志不够明显,不足以引起他人对施工现场的注意,或者是只设置了明显的标志而没有采取安全措施的,均须承担赔偿责任。

另外,窨井等地下设施较为复杂,不同的地下设施可能属于不同的管理单位,在损害发生后需要明确具体的管理人,由相关的管理人依法承担责任。